Andrea Monda

BENDITA HUMILDADE

O estilo simples de
Joseph Ratzinger

Dados Internacionais de Catalogação na Publicação (CIP)
(Câmara Brasileira do Livro, SP, Brasil)

Monda, Andrea
Bendita humildade : o estilo simples de Joseph Ratzinger / Andrea
Monda. – São Paulo : Paulinas, 2013. – (Coleção memória)

ISBN 978-85-356-3459-4

1. Bento XVI, Papa, 1927-   2. Papas - Biografia   I. Título.   II. Série.

13-01819   CDD-262.13092

Índice para catálogo sistemático:
1. Papas : Vida e obra   262.13092

1ª edição – 2013

Título original da obra: *Benedetta Umiltà. Le virtú semplici di Joseph Ratzinger*
© 2012. Paulinas Editora, Prior Velho, Portugal

Direção-geral: *Bernadete Boff*
Editora responsável: *Vera Ivanise Bombonatto*
Tradução: *© 2012, Paulinas Editora*
Coordenação de revisão: *Marina Mendonça*
Revisão: *Equipe Paulinas*
Assistente de arte: *Ana Karina Rodrigues Caetano*
Gerente de produção: *Felício Calegaro Neto*
Projeto gráfico: *Wilson Teodoro Garcia*
Capa e diagramação: *Manuel Rebelato Miramontes*

*Esta publicação utiliza a tradução portuguesa da obra original em italiano
e segue o Acordo Ortográfico da Língua Portuguesa, mas mantém
as variantes utilizadas em Portugal.*

*Nenhuma parte desta obra poderá ser reproduzida ou
transmitida por qualquer forma elou quaisquer meios
(eletrônico ou mecânico, incluindo fotocópia e gravação)
ou arquivada em qualquer sistema ou banco de dados
sem permissão escrita da Editora. Direitos reservados.*

Paulinas
Rua Dona Inácia Uchoa, 62
04110-020 – São Paulo – SP (Brasil)
Tel.: (11) 2125-3500
http://www.paulinas.org.br – editora@paulinas.com.br
Telemarketing e SAC: 0800-7010081
© Pia Sociedade Filhas de São Paulo – São Paulo, 2013

Sumário

O fato 5

A reflexão 8

1 Sobre a humildade: uma primeira *summa* 18

2 Sobre Bento XVI: o coadjutor paroquial do mundo 28

3 Sobre a humildade, ou melhor, sobre a renúncia 42

4 Sobre Bento XVI, um homem a caminho 49

5 Sobre a humildade ou sobre viver em companhia 56

6 Sobre Bento XVI, trabalhador na vinha do Senhor 70

7 Sobre a humildade, segundo os Papas: humildade é verdade 77

8 Sobre Bento, o pescador: discrição e paciência 90

9 Sobre a humildade e a leveza dos dogmas 110

10 Sobre Bento, um Papa "baixo", porque menino,
   porque de joelhos 126

11 Sobre a humildade ou sobre a coragem 140

12 O Papa do humor e da alegria 158

Antecedentes 188

Apêndice 192

Posfácio com agradecimentos e dedicatória 195

Referências bibliográficas 197

O fato

A humildade é verdade.

PAULO VI

Terça-feira, 19 de abril de 2005, 17:44 horas, Praça de São Pedro, centro do mundo. Sai fumaça branca. Eu estava lá. Tinha perdido o último conclave, o de 16 de outubro de 1978; mas, desta vez, eu estava lá. Decidi levar comigo a turma de estudantes americanos a quem naquele período eu ensinava "Aspetos da Igreja católica contemporânea" (um daqueles estranhos cursos que as universidades americanas, com sede em Roma, então inventavam): que melhor ocasião do que aquela para mostrar-lhes ao vivo a conclusão de um conclave?

Por isso, cheio de entusiasmo e de apreensão, coloquei-me um pouco para lá do obelisco, no centro da colunata de Bernini, a olhar para a chaminé da Capela Sistina. Quando apareceu a fumaça branca, os meus estudantes, uma vintena de raparigas e rapazes provenientes dos mais variados estados dos EUA, olharam para mim estupefatos e perguntaram-me: "Como adivinhou que precisamente hoje seria um bom dia?" Não respondi, deixando-me embalar na minha auréola de glória, mas voltei a pensar no padre Gallagher, aquele mesmo que me tinha dado a dica certa. Michael Paul Gallagher é um padre jesuíta irlandês, decano emérito de Teologia Fundamental, na Universidade Gregoriana de Roma, que, naqueles meses, eu frequentava assiduamente enquanto relator da minha tese de licenciatura, no mesmo ateneu. Argumento da tese: o significado teológico de *O Senhor dos Anéis*, de J. R. R. Tolkien; Gallagher, que foi estudante de Tolkien, na universidade, é um grande especialista de literatura, seu primeiro amor; mas, depois, passou esplendidamente para a teologia. Alguns dias antes, havíamo-nos encontrado numa das salinhas contíguas à Igreja de Jesus e tínhamos falado do tema dos *hobbits* de Tolkien, tão semelhantes aos *anawím,* os "humildes", do Antigo Testamento e do Evangelho de Lucas (apontai estas estranhas palavras, *hobbits* e *anawím,* que hão de voltar nas próximas páginas), e o padre Gallagher tinha-me dado indicações exatas sobre como eu devia escrever o capítulo central da minha tese, precisamente sobre o tema da humildade dos heróis tolkienianos, quando, ao despedir-me, em jeito de pergunta, atirei: "Tenho estes estudantes americanos que me fazem muitas perguntas sobre o conclave que vai começar; estava a pensar em levá-los à Praça de São Pedro para verem ao vivo como funciona, esperando pela fumaça branca, sabe-se lá quando sairá!...". A seu modo, tentou ajudar: "Não demorará muito... talvez terça-feira, dia 19; parece-me que é um bom dia." Agora que penso nisso, nunca cheguei a perguntar ao padre Gallagher se, além da data precisa, também já tinha algum nome para o futuro pontífice. Eu é que, certamente, não imaginava que fosse Joseph Ratzinger. Por isso, quando, às 18:43, ouvi da boca do cardeal protodiácono Jorge Arturo Medina Estévez o nome de "Joseph", compreendi imediatamente de quem se tratava e fiquei espantado. Não podia acreditar!...

Eu tinha dito e também explicado, em aula, aos meus estudantes americanos que o nome de Ratzinger não seria o de um *papabile* credível. A aura de glória que me rodeava já tinha ficado em pedaços. E, no entanto, eu tinha compreendido bem: o novo Papa era precisamente Ratzinger e começara já a ser pronunciado o nome que fora escolhido: *Bento XVI*. E, assim, também eu me senti envergonhado mas feliz, a louvar o novo pontífice com o coro imediatamente improvisado pelo povo da praça: *Be-ne-detto*!... *Be-ne-detto*!...

E, finalmente, Bento assoma à varanda e, elevando os braços ao céu, exclama, tropeçando um pouco nas palavras cheias de emoção e comoção:

> Queridos filhos e filhas, depois do grande papa João Paulo II, os senhores cardeais elegeram um simples e humilde trabalhador na vinha do Senhor. Consola-me o fato de o Senhor saber trabalhar e agir também com instrumentos insuficientes e, sobretudo, confio-me às vossas orações. Na alegria do Senhor ressuscitado, confiantes na sua ajuda permanente, caminhemos em frente, o Senhor ajudar-nos-á e Maria, sua santíssima Mãe, está do nosso lado. Obrigado!

São 18:44: foi eleito o 265º Pontífice romano, é um cardeal alemão já muito conhecido nos *media* e do "grande público". Mas quem é este "simples e humilde trabalhador na vinha do Senhor"?

A reflexão

Seja como for, por detrás da decisão humana dos cardeais há a vontade de Deus, a que devemos dizer 'sim'.

GEORG RATZINGER

Não tenho a pretensão de ilustrar a vida de Joseph Ratzinger, pois outros já o fizeram, antes e melhor que eu; nem contar estes primeiros sete anos de Bento XVI, e, também aqui, fui amplamente precedido; apenas gostaria de fazer uma breve reflexão, a partir daquela frase do início pontificado, aquelas primeiras palavras com que o recém-eleito pontífice se apresentou ao mundo. Sempre atribuí uma grande importância às coisas *"primas"*: a primeira impressão, o primeiro encontro, a primeira palavra dita... Por isso, pergunta-se: aquelas palavras de Bento XVI foram ditas sob a intensidade e a emoção do momento solene ou devem, antes, ser consideradas amadurecidas, por já revelarem um traço que, desenvolvendo-se, projetiva e também retrospectivamente, lançam uma luz que permite uma maior compreensão do homem chamado a ser o Vigário de Cristo, depois dos 27 anos do pontificado de João Paulo II? Estas "primeiras" palavras traçam um perfil de "um simples e humilde trabalhador" de Deus; mas este perfil corresponderá ao do verdadeiro Joseph Ratzinger?

Para começar esta reflexão, será oportuno voltar àquele momento de 19 de abril, o instante do *big-bang* do pontificado, e voltar à Praça de São Pedro, ao meio daquela multidão que se manifestava festivamente. (Desde já anuncio que este livro avançará de modo espiraliforme; por isso, voltar-se-á atrás e andar-se-á ao redor de poucas cenas, de poucos momentos, de poucos temas que, espero, serão ilustrados e aprofundados.)

Bem, então: terça-feira, 19 de abril de 2005, 17:44 horas, Praça de São Pedro, sai fumaça branca.

Alguns minutos antes do *Habemus Papam,* eu tinha encontrado um amigo jornalista da televisão, também ele na Praça de São Pedro, levado por aquele meu entusiasmo, que me tinha dito: "Para mim servem todos, desde que não seja Ratzinger!" Eu, desagradado e apanhado no contrapé, havia-lhe respondido do mesmo modo que dissera aos meus estudantes americanos: "Não será, fica tranquilo!..."

Porque estava eu convencido do que dizia? Uma série de motivos levavam-me à profecia desacautelada: Joseph Ratzinger tinha sido um eleitor do pontífice anterior, um dos pouquíssimos que restaram daquele conclave do longinquíssimo dia 16 de outubro de 1978; por isso, elegê-lo equivaleria a recuar no tempo e não a avançar.

Além disso, nos últimos 24 anos, tinha sido o braço direito de João Paulo II; e um braço direito é-o precisamente porque não é uma "cabeça", pois a sua característica é trabalhar em simbiose com outra pessoa (que já não existia), é permanecer na sombra, é ser uma "eminência parda". Em perfeita simbiose com o Papa polaco, o cardeal alemão tinha sido, desde 1981, Prefeito da Congregação para a Doutrina da Fé (sucessora, desde 1965, da antiga Congregação da Sacra, Romana e Universal Inquisição do Santo Ofício), um papel deveras ingrato; ou, em termos futebolísticos, era como se a braçadeira de capitão passasse do distribuidor de jogo para o defesa central; de quem inventa o jogo para quem o bloqueia ou destrói (embora seja verdade que, no ano seguinte, 2006, em Berlim, foi o defesa central e capitão dos *azzurri*, Fabio Cannavaro, quem levantou a taça do mundo); agora, pelo contrário, era o defesa central alemão que era promovido a capitão da equipa, coisa aliás muito estranha.

Finalmente, Ratzinger era um teólogo. Mais ou menos no mesmo momento em que eu pensava neste pormenor, ainda perturbado pela tirada do meu amigo jornalista (Como se poderá pensar em que Ratzinger possa ser eleito e como já lhe opõem o veto?), o excelentíssimo democrata-cristão Ciriaco De Mita, entrevistado juntamente com outros homens políticos, no "transatlântico"* da Câmara dos Deputados, exprimia

---

* Nome dado ao grande salão oblongo (não é a sala das sessões institucionais e plenárias) para reuniões e encontros informais dos deputados

A reflexão

assim a mesma perplexidade: "Ratzinger não pode ser papa, porque o papa é católico, não teólogo".[1] De fato, na bimilenária história da Igreja católica, foram raríssimos os casos de papas-teólogos:[2] o teólogo é um "técnico" em relação ao político, é um perito, um douto que, com o seu estudo e as suas teorias, exprime uma visão parcial, pessoal e não universal ("católica") da doutrina cristã. Neste caso, ainda futebolisticamente falando, Ratzinger enquanto teólogo mais do que defesa central tornara-se um extremo, pouco importa se direito ou esquerdo; mas, seja como for, demasiado "lateral", individualista, um jogador de futebol em geral rico de talento e personalidade, não pardacento como aqueles jogadores centrais, líberos ou médios que, precisamente por isso, podem ambicionar a braçadeira do capitão (a minha análise futebolística será depois derrubada pelo cardeal Tarcisio Bertone, secretário de Estado e principal colaborador de Bento XVI e também profundo e apurado conhecedor de futebol, com esta audaciosa comparação: "Com o novo Papa, a Igreja encontrou o

---

que, pela sua forma e teto, se assemelha aos grandes paquetes do séc. XIX [*NT*].

[1] Entrevista publicada na primeira página, in *Il Foglio*, de 20 de abril de 2005.

[2] Para Gian Maria Vian, diretor do *Osservatore Romano*, "para encontrar um pontífice do seu nível teológico talvez seja necessário remontar a Leão Magno do séc. V. Contudo, trata-se de um papa que também é pastor, talvez porque também professor. Um professor é sempre pastor; de outro modo, será tão somente um árido e álgido contentor de cultura nocional que não transmite nada a ninguém", cf. entrevista in *Il Foglio*, de 20 de maio de 2010.

seu *Beckenbauer*, um distribuidor de jogo, atrasado, que, no entanto, é capaz de longos passes para a frente e de envolver no jogo toda a equipa da Igreja"[3]. Não é por acaso que um antigo axioma ou aforismo da Igreja (que alguns atribuem a Santa Teresa de Ávila) diz assim: "Si doctus, doceat; si Sanctus, oret; si prudens, regat nos" (Se é douto, que nos ensine; se é santo, que ore por nós; se é prudente, que nos governe).[4]

Bento XVI será um Papa prudente? Uma pergunta de resposta difícil. Certamente Joseph Ratzinger é um homem cauteloso, mas também distraído e descuidado, no dizer de quem o conhece melhor do que qualquer outro, o seu irmão mais velho, Georg. "Às vezes, ele põe as coisas no lugar errado e, repentinamente, já não sabe onde está o relógio, onde estão as chaves ou um documento!" – confiou aos jornalistas, nos dias próximos da eleição do irmão que, tanto para ele como para mim, era o candidato menos favorecido de todos: "E deixai de falar do meu irmão, não tem nenhuma possibilidade, já está velho e, depois, nunca escolherão um Papa alemão!" Georg Ratzinger não captou bem a notícia da

---

[3] Citado *in* Bernhard Hülsebusch, *Signore, non farmi questo! Episodi e ricordi di Benedetto XVI*, Edizioni Messaggero, Pádua 2011, p. 46.

[4] O antigo aforismo atribuído a Santa Teresa de Ávila, cujo pó da história foi precisamente sacudido, para Bento XVI, por Alberto Melloni, no seu ensaio *L'inizio di papa Ratzinger. Lezioni sul conclave del 2005 e sull'incipit del pontificato di Benedetto XVI*, Einaudi, Turim 2006. É interessante observar que a mesma santa costumava dizer: "Para a minha vida espiritual, prefiro como guia um douto teólogo a um santo homem que seja apenas um santo homem"; cf. Giovanni Cucci, *La forza della debolezza*, Edizioni AdP, Roma 2011, p. 69.

eleição do pequeno Joseph: "Eu estava chocado e deprimido, quando ouvi a conclusão do conclave, nunca teria pensado que pudessem eleger o meu irmão, porque há outros candidatos mais qualificados e adequados, mais jovens e saudáveis do que Joseph" – assim confidenciava à televisão alemã TDF. É interessante notar que também Joseph é da mesma opinião:

> No dia seguinte ao início do seu pontificado, Bento XVI convida os compatriotas alemães para um encontro, na sala das audiências no Vaticano. Surpreende todos, descrevendo os sentimentos vividos quando, no conclave, se perfilava a sua eleição: "Quando, lentamente, o andamento das votações me fizeram compreender que, por assim dizer, o machado haveria de cair em cima de mim, a minha cabeça começou a girar. Eu estava convencido de que tinha realizado a obra de uma vida inteira e de que podia esperar que haveria de terminar os meus dias tranquilamente. Com profunda convicção, disse ao Senhor: 'Não me faças isso! Dispões de pessoas mais jovens e melhores, que podem enfrentar esta grande tarefa.' Mas, visivelmente, o Senhor não me ouviu".[5]

Voltaremos a este episódio tão rico de significado, na sua humanidade e no seu humor.

Em particular, sobre o estado de saúde do recém-eleito, Georg Ratzinger não envereda pelas subtilezas, desinteressando-se totalmente de todas as normas de

---

[5] Este episódio é narrado por Bernhard HÜLSEBUSCH, in *Signore, non farmi questo!* cit., p. 42.

"cautela institucional": "Na sua idade, não é normal que ainda continue a trabalhar e, depois, a saúde: teve dois ataques, embora, ao fim e ao cabo, agora esteja bem".[6] Na realidade, naquele momento, o irmão mais velho só desejava o número de telefone direto do seu irmão, inesperadamente, tornado monarca absoluto de menor e importante estado do mundo, e toda aquela desilusão nascia da consciência de que a relação entre ambos iria modificar-se drasticamente, como pôde explicar ao vaticanista Andrea Tornielli, em 2008: "Dados os seus graves compromissos, compreendi que a nossa relação teria de redimensionar-se notavelmente. Em todo o caso, por detrás da decisão humana dos cardeais está a vontade de Deus a que devemos dizer 'sim'".[7] Para sua felicidade, o seu irmão mais novo foi ao seu encontro e, passados alguns anos, organizou a sua transferência para o Palácio pontifício e, frequentemente, os dois concelebram juntos a missa (e até é George o primeiro celebrante e Joseph o concelebrante[8]). Entretanto, Georg disse-nos uma coisa importante que convém sublinhar, quando falou da vontade de Deus a quem se deve "dizer 'sim'". Voltaremos a falar disto.

Coisas ainda mais importantes nos disse Joseph-Bento, naquela sua brevíssima primeira mensagem que

---

[6] Cf. também para os textos anteriormente citados de Georg Ratzinger, "Il fratello: è uno sbadato, dimentica le cose", artigo de Gian Guido Vecchi publicado no *Corriere della Sera*, de 25 de abril de 2006.

[7] Entrevista de Andrea Tornielli a Georg Ratzinger, publicada no *Giornale*, de 28 de setembro de 2008.

[8] Cf. HÜLSEBUSCH, *Signore, non farmi questo!* cit., p. 54.

vale a pena analisar. Antes de tudo, foi uma mensagem breve, muito breve. Poucas palavras. Releiamo-las, evidenciando-as numa síntese posterior: "Queridos... depois do grande Papa João Paulo II... um simples e humilde trabalhador... instrumentos insuficientes e, sobretudo, confio-me às vossas orações. Na alegria... confiantes... caminhemos em frente... Obrigado!"

Tento fazer uma primeira análise: num tom afetuoso, o recém-eleito declara, antes de tudo, a grandeza do seu predecessor e que ele é de tal modo um "instrumento insuficiente" e inadequado que pede, mais que qualquer outra coisa, as orações do povo cristão; portanto, uma apresentação cheia de um profundo temor e de uma fragilidade declarada, palavras que, em suma, deveriam gerar inquietação e preocupação no ouvinte, mas tudo isto é desmentido pelo final em que se fala de alegria, confiança e caminhar em frente, em espírito de gratidão.

Uma mensagem breve, mas muito rica, quase ambígua, de certa maneira ambivalente, cheia de *nuances*; numa palavra, paradoxal. Defini-a como o *big-bang* do Pontificado de Bento XVI e não só porque se situa no início, mas também porque nesta mensagem inicial está contido, *in ovo,* todo o pontificado que, desde então, se foi desenvolvendo segundo as linhas-mestras já presentes naquelas poucas palavras (73 no original italiano], mais exatamente, o mesmo número dos livros da Bíblia). E, segundo o meu modesto modo de pensar, a palavra-chave de toda a mensagem (e, portanto, do pontificado) é a palavra "humilde". De todas aquelas 73 palavras foi precisamente aquela que me impressionou, imediatamente, enquanto eu estava lá, naquela tarde em São Pedro, debaixo da balaustrada, com a brisa suave do vento oeste romano que, leve e prazenteiro, agitava os meus cabelos e o meu coração: a humildade.

Quando voltava a casa, no comboio 19, ainda estava atordoado pela emoção do momento histórico em que tinha participado, mas esta palavra que me voltava sempre à mente, queimando-me um pouco; e eu dizia de mim para comigo: "É preciso ter coragem para definir-se como humilde!"; de fato, eu tinha em mente a frase de Mario Soldati: "A humildade é aquela virtude que, quando a temos, acreditamos que não a temos". É verdade que esta virtude é, como se diz em Roma, uma *fregatura,* um logro, é uma "virtude-enguia", inapreensível, que, se se pensa que se tem, é então que a perdemos; uma virtude impossível de se deter e definir, de tão esquiva que é a qualquer tentativa de reflexão. A verdade é que a humildade é uma virtude humilde. Mas, de tal modo humilde, que é a mais facilmente esquecida, descurada; um santo com a importância de São Tomás de Aquino chega a afirmar, na *Summa Theologiae:* "Parece que a humildade não é uma virtude", pois nem sequer aparece no antigo catálogo das sete virtudes principais (as 3 teologais e as 4 cardeais), nem no "moderno" Catecismo da Igreja Católica,[9] e é uma virtude absolutamente "nega-

---

[9]   De fato, no Catecismo da Igreja Católica de 1992, nos parágrafos dedicados às virtudes (nn. 1803-1845) não há nenhuma alusão à humildade; cf. Claudio STERCAL, "L'umiltà: la più delicata delle virtù cristiane", in

A reflexão

tiva": surge apenas como algo de contrário, de oposto à soberba e ao orgulho, estes 'sim', vícios verdadeiramente terríveis, bem conhecidos e estudados durante séculos de meditação e especulações filosóficas, espirituais e psicológicas.

Por isso, nas páginas seguintes, procurar-se-á fazer uma coisa muito difícil: tentar delinear um perfil desta "não virtude" e, ao mesmo tempo, um perfil de Joseph--Bento e, por isso, ver se os dois perfis coincidem ou, pelo menos, se sobrepõem em parte.

Patrizio Rota Scalabrini et al., *L'umiltà cristiana,* Glossa, Milão 2003, pp. 65 ss.

1
Sobre a humildade:
uma primeira *summa*

Uma falsa humildade é grande soberba, porque aspira à glória.

SANTO AGOSTINHO

A humildade evita que a agarrem e a compreendam; é como um poço sem fundo, nunca mais acaba de tornar-se humilde. Há poucos estudos dedicados a esta virtude; nesta investigação, além da citada *Summa Theologiae* de São Tomás de Aquino, na parte dedicada ao tema da humildade, servir-nos-emos também do bom ensaio escrito, em 1974, pelo jesuíta François Varillon, *L'umiltà di Dio,* que nos recorda o paradoxo desta virtude que deve ser estudada com a devida e humilde gradação:

Só Deus é humilde. O homem não é, a não ser na medida em que reconhece a sua impotência em sê-lo. Aqui, deve-se avançar passo a passo. [...] Enquanto estivermos a caminho na terra, a humildade, sempre procurada como necessária, deve ser considerada um limite inacessível. [...] Só Deus, ao revelar-nos a nossa incapacidade de sermos humildes, nos torna humildes. A vitória da humildade só pode ser o seu fracasso.[1]

Avançando passo a passo, atentos às voltas e revoltas da humildade-enguia, vemos agora o que nos dizem as duas autoridades máximas do pensamento cristão, Santo Agostinho e São Tomás de Aquino, sabendo aliás como se sabe que Joseph Ratzinger foi e é um grande admirador do primeiro, mais "passional", do que do segundo, considerado mais "frio" (neste sentido, impressiona a confidência de Bento XVI a Peter Seewald, no livro-entrevista *Luz do mundo,* quando associa São Tomás a Santo Agostinho e São Boaventura, no círculo dos seus grandes e santos amigos, a quem se dirige nas suas orações cotidianas).[2]

---

[1] François VARILLON, *L'umiltà di Dio,* Qiqajon, Magnano 1999, pp. 69 ss.

[2] BENEDETTO XVI, *Luce del mondo. Un colloquio con Peter Seewald,* LEV, Cidade do Vaticano 2010, p. 35 [Ed. bras.: *Luz do mundo*, São Paulo, Paulinas 2011]. Bento XVI dedicou à figura de São Tomás três audiências gerais completas, na primavera de 2010. Em particular, no dia 2 de junho, deteve-se sobre os últimos meses da vida terrena do Santo que "permanecem rodeados de uma atmosfera especial, misteriosa, diria. Em dezembro de 1273, chamou o seu amigo e secretário Reginaldo para lhe comunicar a decisão de interromper todo o trabalho porque, durante a celebração da missa, tinha compreendido, através de uma revelação sobrenatural, que tudo o que havia escrito, até então, era somente 'um monte de palha'. É um episódio misterioso, que nos ajuda a compreender não só a humildade pessoal de Tomás, mas também o fato de tudo aquilo que conseguimos pensar e dizer sobre a fé, por mais elevado e puro que seja, é infinitamente superado pela grandeza e pela beleza de Deus, que nos será revelada, em plenitude, no Paraíso". Por mais "fria" que possa ter sido a relação do jovem Ratzinger com o Aquinate, a humildade deste comoveu profundamente o atual Sumo Pontífice.

Santo Agostinho fala de várias obras da humildade, especialmente nos seus *Sermões,* uma virtude que, para ele, é paradoxal porque, na humildade, a descida coincide com a subida e o abaixamento com a verdadeira elevação, pelo que "'o coração grande' só pode encher-se na humildade: de fato, só ela se orienta para o Altíssimo (*De Civitate Dei* XIV 13,1)".[3]

Para o bispo de Hipona, a humildade torna-se o segredo da unidade cada vez maior com Deus, e tudo isto é bem simbolizado pela figura de São João Batista, aquele de quem Cristo disse que não existe ninguém maior que ele, entre os nascidos de mulher (Lc 7,28), é um modelo da humildade precisamente porque "João aparece como o 'maior' homem, somente porque 'dá testemunho daquele que é mais do que um homem' (Sermão 289,5), aliás porque ele é somente o 'serviço da voz que grita a Cristo, o único que é a Palavra' (Sermão 288,5)".[4]

"Portanto, quem é este homem, quem é João Batista?" – interrogou-se o papa Bento XVI, na homilia do 11 de dezembro de 2011:

> A sua resposta é de uma humildade surpreendente. Não é o Messias, não é a luz. Não é Elias que voltou à terra, nem o grande profeta esperado. É o precursor, simples testemunha, totalmente subordinado Àquele que anuncia; uma voz no deserto, como também

---

[3] Cf. Erich Przywara, *Umiltà, pazienza e amore. Meditazioni teologiche,* Queriniana, Bréscia 1968, pp. 20-22.

[4] *Ibidem,* p. 21.

hoje no deserto das grandes cidades deste mundo, de grande ausência de Deus, precisamos de vozes que simplesmente nos anunciem: "Deus existe, está sempre próximo, embora pareça ausente." É uma voz no deserto e é uma testemunha da luz; e isto toca-nos no coração, porque neste mundo com tantas trevas, com tantas escuridões, todos somos chamados a ser testemunhas da luz.[5]

Se Santo Agostinho regressa muitas vezes ao paradoxo da humildade, em muitas partes da sua extensa obra, São Tomás, pelo contrário, dedica uma seção inteira da sua obra-prima a esta estranha virtude (entre outras coisas, Santo Agostinho é um dos Padres da Igreja mais citado pelo autor da *Summa,* como também o demonstra a seção II-II, q. 161, dedicada à humildade).

Com o seu inconfundível estilo calmo e nítido, o Aquinate avança, passo a passo, achegando-se à humildade com progressivas aproximações, avançando por teses e antíteses, e enfrentando seis argumentos:

- – Se a humildade é uma virtude;
- – Se consiste na volição ou no juízo da razão;
- – Se por humildade devemos pôr-nos abaixo de todos;

---

[5] Todos os trechos de Bento XVI, extraídos das catequeses públicas, das audiências gerais e das declarações em público do Santo Padre podem ser encontrados no Boletim da Sala de Imprensa da Santa Sé e também consultar-se no endereço da internet http://www.vatican.va/news_services/press/index_it.htm; além disso, também na seção do sítio do Vaticano, dedicada ao Papa: http://www.vatican.va/holy_father/benedict_xvi/index_it.htm.

- Se a humildade está entre as partes da modéstia e, portanto, da temperança;

- Como se relaciona com as outras virtudes;

- Os graus da humildade.

Primeiro ponto: já aludimos a ele; esta questão é posta precisamente porque "parece que a humildade não é uma virtude". A favor desta tese, São Tomás afirma, entre outras coisas, que "uma virtude nunca é incompatível com outras virtudes. Ao contrário, a humildade contrapõe-se à virtude da magnanimidade que tende para as coisas grandes, de que a humildade foge. Portanto, a humildade não é uma virtude", e acrescenta que, "segundo Aristóteles, a virtude é 'uma disposição de um ser perfeito'. A humildade, pelo contrário, é próprio de quem é imperfeito; de fato, não condiz com Deus, nem a humilhação nem a submissão aos outros. Por isso, a humildade não é uma virtude". Contra esta tese, São Tomás cita, antes de tudo, a autoridade de Orígenes que, por sua vez, cita duas passagens do Evangelho: "Orígenes, ao comentar as palavras da Virgem, 'olhou para a humildade da sua serva', afirma; 'Na Escritura, a humildade está expressamente inserida entre as virtudes, já que o Salvador disse: aprendei de mim que sou manso e humilde de coração'."

Depois, volta-se para Santo Isidoro e para as suas *Etimologias,* segundo as quais,

> *umile suona humi acclinis* (que jaz na terra), ou seja, aderente às coisas baixas. Mas isto pode acontecer

de dois modos: primeiro, por uma causa extrínseca: como quando alguém é atirado ao chão por outra pessoa. E, então, a humildade é um sofrimento. Segundo, por um princípio intrínseco. E isto pode ser um bem, se alguém, ao considerar a sua miséria, se baixa até aos limites do seu grau; como fez Abraão, quando disse ao Senhor: "Pois que me atrevi a falar ao meu Senhor, eu que sou apenas cinza e pó, continuarei." Nesse caso, a humildade é uma virtude. Mas, às vezes, pode ser um mal: como quando o homem, menosprezando a sua honra, equipara-se aos burros de carga irracionais e torna-se semelhante a eles [interessantes estas alusões à *terra-humus* e aos *burros de carga,* quem já a seguir, iremos encontrar].[6]

Em suma, para todos os efeitos, a humildade é uma virtude, constituída essencialmente na reverência de Deus, desde que este abaixamento seja verdadeiro e não falso:

Como já dissemos, enquanto virtude, a humildade implica um abaixamento louvável de si mesmo. Mas, umas vezes, isto só se faz com os sinais externos, por fingimento. Mas esta é uma "falsa humildade" que, no dizer de Santo Agostinho, "é uma grande soberba", porque aspira à glória. Outras vezes, pelo contrário, isto faz-se por uma convicção profunda da alma. E é precisamente por isso que a humildade é uma virtude: dado que a virtude não consiste nos atos

---

[6] Todas as citações deste capítulo extraídas da *Summa Theologiae* de Tomás de Aquino pertencem à seção II-II, q. 161.

externos, mas consiste principalmente nas deliberações da alma, como diz Aristóteles.

Superado o escolho de se saber se a humildade é ou não uma virtude, o Aquinate interroga-se se ela não estará entre as maiores virtudes, porque, de um lado, Santo Agostinho sublinha algumas vezes que ela é o fundamento de todas as outras virtudes e, do outro, o mesmo Padre da Igreja afirma que "a humildade constitui quase todo o ensinamento de Cristo".

Trata-se de um ponto muito importante: falar da humildade não é discutir sobre uma atitude superficial dos homens, mas, para o cristão, quer dizer penetrar no coração do mistério de Deus. Orígenes acertou no alvo, quando citou a passagem de Mateus 11,29: "Aprendei de mim, porque sou manso e humilde de coração." Como alguns séculos mais tarde haveria de dizer Mestre Eckhart: "A virtude que tem nome de humildade está radicada nas profundezas da divindade." A humildade de cada homem, mesmo de um papa, consiste antes de tudo, como fonte e modelo, na humildade do Deus bíblico, criador e redentor.

Falaremos disso mais adiante; mas, antes, vejamos o perfil da humildade tal como emerge da reconstrução da *Summa Theologiae*.

Por isso, a humildade é uma virtude e está entre as mais importantes, embora não seja a principal, nem seja uma virtude teologal (como a fé, a esperança e a caridade, dons diretos de Deus). A importância da

Sobre a humildade: uma primeira summa

humildade é paradoxalmente primária, precisamente porque desempenha uma função "ancilar".[7] A humildade é uma virtude humilde. Aqui o adjetivo exprime (pelo menos) dois significados:

- a humildade é humilde porque é "instrumental", "serve" as outras virtudes; não é uma virtude que tenha "alguma coisa de seu", mas é funcional na remoção de obstáculos, como a soberba, que impede os homens de receber as virtudes principais (as teologais, dom de Deus);

- a humildade é humilde porque *humi acclinis,* jaz por terra, deitada no chão, no sentido de que a humildade põe-se exatamente debaixo da terra, onde se encontram os fundamentos, quer dizer, é sobre a humildade que o homem pode construir a sua vida boa e virtuosa.

Talvez a linguagem linear da *Summa Theologiae* seja mais eficaz do que qualquer uma das minhas paráfrases:

Assim como a ordenada agregação das virtudes é comparada a um edifício, assim também a primeira virtude que se requer na aquisição delas deve comparar-se aos fundamentos. Ora, as verdadeiras virtudes são infundidas por Deus. Por isso, de dois modos pode entender-se que uma virtude é a primeira na aquisição das outras. Primeiro, como *removens prohibens.* E, nesse sentido, a humildade está no primeiro

---

[7] De *ancila*: serva, auxiliar, subsidiária (*NT*).

lugar, enquanto expulsa a soberba, à qual Deus resiste, e torna o homem submisso e aberto a receber a infusão da graça divina, removendo o obstáculo da soberba, segundo as palavras de São Tiago: "Deus resiste aos soberbos, mas dá a sua graça aos humildes." Nesse sentido, a humildade é o fundamento do edifício espiritual. [...] Cristo recomendou-nos a humildade mais do que qualquer outra coisa porque, sobretudo, com ela retiram-se os obstáculos da salvação humana que consiste em tender para as coisas celestes e espirituais, de que o homem é desviado quando atende às grandezas terrenas. Por isso, para afastar os obstáculos da salvação, o Senhor ensinou-nos, com os seus exemplos de humildade, a desprezar a grandeza mundana. E, assim, a humildade é uma predisposição do homem para obter livre acesso aos bens espirituais e divinos. Mas, assim como a perfeição é superior à predisposição correlativa, assim também a caridade e as outras virtudes, que põem o homem em contato direto com Deus, são superiores à humildade.

E, no entanto, a humildade está intimamente ligada a Deus, porque "a humildade implica sobretudo a submissão do homem a Deus. Eis porque Santo Agostinho atribui a humildade que, segundo ele, corresponde à pobreza em espírito, ao dom do temor, que inspira a reverência a Deus".

Para concluir, São Tomás recorda que "a humildade, como todas as outras virtudes, atua sobretudo na alma" e recapitulando:

Sobre a humildade: uma primeira summa

A humildade consiste essencialmente nos atos da vontade, com os quais se travam os impulsos desordenados do seu ânimo em direção às coisas grandes; contudo, ela tem a sua regra na consciência, de modo que ninguém se julgue mais do que aquilo que é. Princípio e raiz destes atos (da vontade e da razão) é a reverência que se tem para com Deus. Finalmente, da atitude interior da humildade derivam sinais externos, palavras, ações e gestos que manifestam o interior, como acontece com as outras virtudes: dado que, como diz a Escritura, "o homem sensato conhece-se pelo aspeto e pelo modo de apresentar-se".

2

Sobre Bento XVI: o coadjutor paroquial do mundo

> À primeira vista, podia parecer o segundo ou o terceiro coadjutor de alguma grande paróquia de cidade.
>
> HORST FERDINAND

Neste ponto, devemos interrogar-nos: como se apresenta Bento XVI? O que sabemos do seu aspeto e dos seus "sinais externos, palavras, ações e gestos que manifestam o interior?".

Devemos fazer estas perguntas até porque, como já dizia São Bento (que, na sua *Regra*, tinha estabelecido exatamente 12 graus para a humildade): "O caráter extraordinário da humildade manifesta-se na extraordinariedade dos bons costumes: na moderação do falar (9º grau) e do rir (10º grau) e das relações (11º grau); então, 'a própria manifestação corporal, aos olhares, falará de humildade' (12º grau)".[1]

Partimos do início e voltamos ao famoso *big-bang* de 19 de abril. O recém-eleito Pontífice também atravessou a "sala das lágrimas" e está pronto para a vestição:

> Joseph Ratzinger veste a batina branca papal, escolhe um par de sapatos vermelhos que lhe ficam bem, põe na cabeça o solidéu branco, o *pileolus*. De regresso à Capela, é acolhido com um aplauso. Os cardeais notam que a batina papal não lhe cai bem, está um pouco curta. Não se terá esquecido do solidéu? Depois, as suas Eminências compreendem: "O solidéu é tão branco que se confunde com os seus cabelos brancos e quase nem se nota".[2]

Mas todo o mundo bem depressa teve de se habituar ao "branco sobre branco": o Papa recém-eleito é mais velho vinte anos do que era o seu predecessor quando foi eleito, o louro, jovem e juvenil João Paulo II, além da cor do seu cabelo, branqueado desde a juventude, ser de um branco intenso e é por isso que o solidéu parece desaparecer na massa branquíssima dos seus cabelos.

Antes do solidéu, Joseph, nos meses mais frios, usava habitualmente uma boina. É assim que o apresenta Gianni Valente, tendo por base recordações dos

---

[1] Erich Przywara, *Umiltà, pazienza e amore. Meditazioni teologiche,* Queriniana, Bréscia 1968, p. 29.

[2] Bernhard Hülsebusch, *Signore non farmi questo! Episodi e ricordi de Benedetto XVI,* Edizioni Messaggero, Pádua 2011, p. 40.

estudantes da Faculdade de Teologia de Bonn onde ensinou, desde 1959 até 1963: "Usa os transportes públicos; mas anda quase sempre a pé, atravessando frequentemente o Hofgarten, o jardim de atalho, por onde passa o caminho que o conduz à faculdade vizinha. No inverno, era fácil reconhecê-lo ao longe pela sua habitual boina, a que ele próprio chamava com ironia 'o meu elmo da prontidão'".[3] A frase irônica do jovem professor de teologia referia-se, misturando um pouco os papéis, a uma passagem da Carta aos Efésios, relativa ao "vestuário" do cristão:

> Por isso, tomai a armadura de Deus, para que tenhais a capacidade de resistir no dia mau e, depois de tudo terdes feito, de vos manterdes firmes. Mantende-vos, portanto, firmes, tendo cingido os vossos rins com a verdade, vestido a couraça da justiça e calçado os pés com a prontidão, para anunciar o Evangelho da paz; acima de tudo, tomai o escudo da fé, com o qual tereis a capacidade de apagar todas as setas incendiadas do maligno. Recebei ainda o capacete da salvação e a espada do Espírito, isto é, a palavra de Deus.[4]

Por isso, seria o elmo "da salvação", mas a referência de Ratzinger à "prontidão" voltará a ser útil lá mais para diante, neste trabalho.

---

[3] Gianni VALENTE, *Ratzinger professore,* San Paolo, Cinisello Balsamo 2008, p. 63.
[4] Ef 6,13-17.

Para se ter uma imagem explicativa da descrição do Ratzinger de Bonn, dos finais dos anos cinquenta, pode ser útil observar a fotografia posta na capa do livro *La mia vita,* o rápido volume autobiográfico que o teólogo escreveu, 20 anos depois, quando chegou ao seu 50º aniversário e à púrpura cardinalícia, uma fotografia simples, mas significativa (mais: significativa precisamente pela sua simplicidade). Ao longo do corredor, no interior da colunata de Bernini da Praça de São Pedro, um único homem de corpo franzino e estatura média, colocado no centro, entre as duas séries de colunas, está a caminho com uma pequena bolsa na mão e um sorriso levemente insinuado que exprime serenidade. Não levava a boina (em Roma, o clima é mais suave que em Bonn), e o cabelo é bem visível na sua candura. Quem conheceu o cardeal Ratzinger que, de 1981 a 2005, presidiu como Prefeito à Congregação para a Doutrina da Fé, sabe que esta fotografia imortalizou um momento, que se repetiu durante 24 anos, pelo menos duas vezes por dia, quando, de manhã cedinho, o Prefeito saía da sua casa situada na *Piazza della Città Leonina* para se dirigir ao Palácio do Santo Ofício, atravessando em diagonal toda a Praça de São Pedro e, quando depois, à tarde, regressava. Era deste modo, em plena simplicidade, que Joseph Ratzinger se apresentava ao mundo: aquele momento da sua pequena caminhada cotidiana era a ocasião em que se podia encontrar este distinto senhor bávaro que, com uma cordialidade nunca afetada, se mostrava disponível para quem se aproximasse dele. A mesma simplicidade captada por Horst Ferdinand, seu estudante de Teologia Fundamental, em Bonn: "Era no início do semestre de inverno de 1959-1960. Na sala 11 da universidade, cheia de estudantes, abriu-se a porta e entrou um jovem sacerdote que, à primeira vista, podia parecer o segundo ou o terceiro coadjutor de uma grande paróquia de cidade. Era o nosso professor catedrático de Teologia Fundamental e tinha 32 anos".[5]

A aparência de um coadjutor paroquial. Ao longo de todos estes decênios, Joseph Ratzinger permaneceu o mesmo, sempre: um homem simples, um sacerdote "acessível" que está sempre "a caminho", que se move em direção aos outros. Mesmo como Papa, um dos aspetos que mais impressionou foi a capacidade deste distinto teólogo alemão saber falar a todos os interlocutores, conseguindo sempre colocar-se ao nível do ouvinte, simplificando, sem reduzir, o significado da sua mensagem. Quando se definiu como um "simples trabalhador da vinha", não estava a mentir. Foi isso mesmo que se viu nele, quando teve de enfrentar o tipo mais difícil de interlocutores: as crianças. Os encontros e as catequeses com os mais novos evidenciaram uma surpreendente capacidade comunicativa do atual Pontífice.

Uma capacidade que se apurou durante o seu tirocínio, entre 1951 e 1953, quando o neossacerdote Joseph, de 24 anos, coadjuvava nas paróquias entre Munique e Freising, e ensinava Religião, nas escolas primárias

---

[5] VALENTE, *Ratzinger professore* cit., p. 58.

da capital da Baviera. Um tirocínio fundamental a que Bento XVI continuou muito ligado: "Como coadjutor eu estava encarregado de ensinar 16 horas semanais de Religião, em seis turmas diferentes, da segunda à oitava", recordará, em 1996, a Peter Seewald, no primeiro dos três livros-entrevista concedidos ao jornalista alemão.

> É uma notável quantidade de trabalho, sobretudo quando se está no princípio. Tratava-se, mesmo que só pelo tempo requerido, da minha ocupação principal, a que muito me afeiçoei, tendo bem depressa estabelecido uma boa reação com as crianças. Para mim, foi interessante sair da esfera intelectual e aprender a falar com crianças. Foi muito bom reelaborar os conceitos abstratos e torná-los capazes de dizer alguma coisa também a uma criança. Todos os domingos, eu tinha de fazer três sermões; isto é, mais concretamente, tinha de falar uma vez às crianças e duas aos adultos. Surpreendentemente, a missa para as crianças era a mais frequentada, dado que, imprevistamente, começaram a tomar parte nela também os adultos. Eu era a único coadjutor e todas as noites me encarregava também de todo o trabalho com os jovens. Todas as semanas tinha batismos e também muitos funerais, é verdade; e por isso, tinha de andar de bicicleta de um lado para o outro através de Munique.[6]

Com a mesma cândida e fresca disponibilidade com que o professor de Munique respondia aos seus

---

[6] Joseph RATZINGER, *Il sale della terra,* San Paolo, Cinisello Balsamo 1997, p. 72.

pequenos estudantes, hoje o Sumo Pontífice responde aos pequenos e grandes interlocutores, desde as crianças, com quem se encontra por ocasião da Primeira Comunhão, ao mundo intelectual, filosófico e político de todas as maiores instituições internacionais (tal como continua a responder ao já citado Peter Seewald que, em 2010, pôde usufruir de seis horas, divididas por seis dias, para poder novamente entrevistar Bento XVI e realizar o volume *Luz do mundo*). Um Papa que responde a todos os pedidos e a todas as perguntas, um Papa professor de Religião dos pequeninos, um Papa catequista, um Papa coadjutor paroquial. Se João Paulo II foi definido como "o pároco do mundo", nesta acepção de simplicidade e de humildade, pode-se tranquilamente definir Bento XVI como "coadjutor paroquial do mundo". E, além disso, de bicicleta. Se em Bonn, Ratzinger podia andar a pé, em Munique, como jovem sacerdote, andava de bicicleta de um lado para o outro, em Tübingen, onde ensinou de 1966 a 1969, voltou a recorrer às duas rodas. No grande e célebre ateneu da Suávia, onde tinham estudado Hegel e Schelling e, juntos, tinham plantado a *Árvore da Liberdade*, por ocasião da Revolução Francesa, encontram-se a ensinar, quase dois séculos depois, no meio de outra revolução, dois jovens teólogos já muito conhecidos, Joseph Ratzinger e Hans Küng, mas com alguma diferença entre eles:

> Ratzinger começa a sua atividade de ensino. Chega modestamente de bicicleta, com uma boina na cabeça, enquanto Hans Küng, também ele docente em

Tübingen, famoso como uma *star,* desce de um carro desportivo de luxo. Este contraste e ainda mais as teses bem diferentes dos dois professores permaneceram de tal modo, até hoje, na memória das testemunhas daqueles anos movimentados, que disso até brotou um livro: *O que vinha de bicicleta e o que vinha de Alfa.*[7]

O meio de locomoção não é um pormenor superficial para reconstruir um passado plausível do homem Joseph-Bento, porque, antes de tudo, este homem não é um homem estático, mas um homem que se move, que vai ao encontro das pessoas, a pé ou de bicicleta ou... a cavalo num urso. Em 1977, Ratzinger foi ordenado bispo de Munique. Como era e é da praxe, foi necessário escolher uma divisa e um brasão episcopal. Como divisa escolheu uma expressão tirada da terceira carta de São João: *"Colaboradores da verdade".* Escolheu estas palavras para indicar o fio vermelho que ligará toda a sua vida, entendida como um serviço à verdade. Como escreverá na autobiografia: "E desde que, no mundo de hoje, o tema 'verdade' quase desapareceu, porque pareceu demasiado grande para o homem e, todavia, todas as coisas desabam, quando existe a verdade, este lema episcopal pareceu-me o que está mais em linha com o nosso tempo, o mais moderno, no sentido bom do termo".[8] Uma síntese de pensamento leve e eficaz do homem e do papa Joseph Ratzinger. Com esta divisa não

---

[7]   Hülsebusch, *Signore, non farmi questo!* cit., p. 28.

[8]   Joseph Ratzinger, *La mia vita,* San Paolo, Ciniselo Balsamo 1997, p. 118.

somente se quer dizer que a verdade é o fundamento de tudo o resto e que a verdade dever ser servida sem servir--se dela, mas também – e não se trata de uma subtileza filológica – que é preciso que haja muitos a fazer este serviço. Voltaremos a falar da importância deste plural ("colaboradores"); mas, agora, passemos ao brasão, para o qual o neobispo escolheu um desenho composto de várias imagens: o mouro coroado (segundo Ratzinger, "expressão da universalidade da Igreja"), a concha e o urso. Escolheu a vieira, a concha, porque, como explica em *La mia vita,* é

> o sinal da nossa essência de peregrinos, da nossa essência de caminheiros: "Não temos aqui a nossa morada." Mas ela também me lembra a lenda, segundo a qual Agostinho, que destilava o seu cérebro à volta do mistério da Trindade, teria visto um menino na praia a brincar com uma concha, com a qual ia buscar água ao mar e procurava trasvazá-la numa pequena cova. Ter--lhe-iam dito: assim como esta cova não poderá conter a água do mar, assim também a tua razão não poderá compreender o mistério de Deus. Por isso, a concha representa para mim uma alusão ao meu grande mestre Agostinho, uma referência ao meu trabalho teológico e, ao mesmo tempo, à grandeza do mistério, que é sempre maior que toda a nossa ciência.[9]

Portanto, uma imagem para dois significados: a precariedade-leveza da vida do cristão, peregrino sempre em movimento e sempre a caminho da pátria celeste, e a

---

[9] *Ibidem,* p. 119.

homenagem ao seu mestre Agostinho; ambos, o grande Padre da Igreja e o bispo-teólogo, ajoelham-se diante da enormidade do mistério e exprimem com este sinal da vieira aquela humildade que precisamente os cientistas, em geral, e os cientistas de Deus, em particular, devem sempre conservar.

Finalmente, o urso. Ratzinger escolheu esta figura, extraindo-a da lenda de São Corbiniano, fundador da diocese de Freising. O santo dirigia-se para Roma, quando um urso lhe aparecera repentinamente devorando a sua cavalgadura, quase seguramente um burro. O santo não desanimou e, censurando asperamente a fera, obrigou-o a transportar a carga do burro, e chegou a Roma com este estranho animal de carga, que, depois, libertou às portas da cidade.

A última parte da autobiografia é inteiramente dedicada a uma reflexão sobre esta imagem que, escreve Ratzinger, parece adequada a "representar o meu destino pessoal". É uma reflexão a vários níveis: o bispo recém-eleito cruza a imagem do lendário urso com a meditação do bispo e teólogo Santo Agostinho sobre os versículos 22 e 23 do salmo 73(72) ("Eu era um louco, sem entendimento, como um animal na tua presença. No entanto, estive sempre contigo, e Tu me conduziste pela mão"). Por um lado − observa Ratzinger − o salmo "mostra a situação de necessidade e de sofrimento que é própria da fé e que deriva do insucesso humano; quem está do lado de Deus não está necessariamente do lado do sucesso";[10] do outro, o santo africano medita e interpreta aquela palavra, *iumentum,* como "animal de carga", aplicando estes versículos à sua vida de teólogo "emprestado" ao episcopado. Agostinho, exatamente como Ratzinger, "tinha escolhido a vida do homem de estudo, mas Deus tinha-o chamado a fazer de 'animal de carga', o possante boi que puxa o carro de Deus neste mundo".[11] Quando, em 1977, o teólogo bávaro, de cinquenta anos, apaixonado homem de estudo, foi obrigado a ser bispo, a fazer de animal de carga e de tiro, e teve de "morder o freio", acolhendo com serenidade um chamamento que o fintava... ainda não sabia o que o esperaria dali a 28 anos: ter de puxar o carro de Deus em (todo) este mundo! É precisamente na sabedoria do salmo que está o segredo daquela serenidade que permite, tanto a Agostinho como a Ratzinger,

> sair de toda a amargura: sim, na verdade, tornei-me um animal de tiro, uma besta de carga, um boi; mas é precisamente deste modo que estou próximo de ti, que te sirvo e me tens na tua mão. Assim como o animal de tiro é o que está mais próximo do camponês e faz para ele o seu trabalho, assim também ele, precisamente neste humilde serviço, está muitíssimo próximo de Deus, está todo na sua mão, é totalmente um seu instrumento – não poderia ser mais importante para Ele.[12]

---

[10] *Ibidem.*
[11] *Ibidem,* p. 120.
[12] *Ibidem.*

Sobre Bento XVI: o coadjutor paroquial do mundo

É universalmente conhecido que Ratzinger sempre foi um "agostiniano" (e um antiescolástico[13]), mas a admiração pela figura do grande teólogo do século IV nunca foi fruto de um hábito intelectual, mas antes o sinal de uma intensa busca pessoal em direção à consonância e à adesão à vida de um homem de Igreja e de um santo. Em 1996, ao falar a Peter Seewald, traçará um breve e intenso perfil do santo africano que, sobretudo,

> era um verdadeiro bispo. Escreveu também livros tão imponentes que até nos interrogamos como conseguiu fazê-lo, com todos os problemas concretos de que devia ocupar-se. [...] Agostinho não foi realmente um homem que vivesse nas nuvens. [...] Viveu, dia a dia, todas estas realidades, procurando comunicar aos homens a paz de Cristo, o Evangelho. Nisto ele é também um modelo, porque, embora sentisse uma grande nostalgia da meditação e do trabalho intelectual, dedicou-se até ao fundo às pequenas exigências de cada dia e, nestas circunstâncias, quis estar disponível para as pessoas. [...] A escolástica tem a sua

---

[13] No seu ensaio *Ratzinger professore,* Gianni Valente sublinha a "distância a que o jovem Ratzinger está do rígido tomismo neoescolástico que, depois da encíclica *Aeterni Patris* de Leão XIII, tinha sido imposto como teologia oficial da Igreja, barreira segura contra qualquer fermento modernista" e, seguidamente, anota uma recordação do professor Alfred Lapple: "Sempre o inquietou o impulso de considerar a verdade como um objeto possuído que deve ser defendido. Não se sentia à vontade com a tendência neoescolástica para encerrar a verdade em definições abstratas, impessoais, pré-confeccionadas. Segundo Ratzinger, aquela teologia pretendia seccionar o mistério. Não era uma teologia que se ajoelha", in VALENTE, *Ratzinger professore* cit., p. 29. Mais adiante, voltaremos ao tema da "teologia de joelhos".

grandeza, mas nela é tudo muito impessoal. É necessário algum tempo para se conseguir entrar nela e reconhecer a sua tensão interior. Em Agostinho, ao contrário, está sempre explicitamente presente o homem passional, sofredor e interrogante, com quem podemos identificar-nos.[14]

Ao traçar o perfil de Agostinho, Joseph delineou o seu autorretrato: um homem seriamente empenhado em todos os pequenos problemas de cada dia, mergulhado nas circunstâncias do mundo, esforçando-se por estar disponível para todos. O bispo de Munique não pode deixar de identificar-se com o de Hipona, que ele vê como modelo de cada sacerdote que, como uma vez mais confia a Peter Seewald,

> deveria ser um servo à disposição das pessoas e, à imitação de Cristo, manter-se pronto para "lavar os pés". Tudo isto pode ver-se muito bem no caso de Santo Agostinho. Como já dissemos, ele devia ocupar-se continuamente de pequenas coisas, de "lavar os pés", e estava disposto a "desprezar" a sua grande vida a favor das coisas humildes, com a consciência de que, na realidade, não desprezava nada. Deveria ser esta a verdadeira imagem do sacerdócio.[15]

Quanto mais humilde se é, "desprezando" a sua própria grandeza, tanto mais se está próximo de Deus, como a besta de carga está próxima do camponês. As

---

[14] RATZINGER, *Il sale della terra* cit., p. 68.
[15] *Ibidem,* p. 220.

últimas linhas da autobiografia ecoam pungentes para quem sabe como acabou a história do jovem bispo Joseph de Munique.

> Conta-se que, em Roma, Corbiniano restituiu a liberdade ao urso. A lenda não se interessa por saber se ele foi para Abruzzo ou se regressou aos Alpes. Entretanto, eu levei a minha bagagem para Roma, e já, há vários anos, caminho com a minha carga pelas ruas da Cidade Eterna. Não sei quando ficarei livre, mas sei que para mim também vale: "Tornei-me a tua besta de carga e é precisamente assim que estou próximo de ti".[16]

Não só vigário paroquial do mundo, mas também burro de Deus.

---

[16] Ratzinger, *La mia vita* cit., pp. 120-121.

3
Sobre a humildade, ou melhor, sobre a renúncia

> Tive o que me servia, em vez do que eu queria, e esta
> é, *grosso modo,* a maior fortuna do mundo.
>
> CORMAC MCCARTHY[1]

Como todos sabem, Joseph Ratzinger nunca será deixado livre. E, se, por um lado, com esta condição de "escravidão" estará sempre próximo do Senhor, por outro, estará sempre cada vez mais longe dos seus desejos e dos seus sonhos, a que, por fim, terá de renunciar.

A renúncia é um ato que está ligado, não necessária mas fortemente, à vida de Joseph Ratzinger, uma vida feita precisamente de renúncias. De 1954 a 1977, foi estudioso e professor de Teologia, a sua paixão, "vagueando" pelas várias universidades (Munique, Bonn, Münster, Tübingen e Ratisbona); mas a nomeação episcopal e cardinalícia em 1977 e, depois, a nomeação para Prefeito da Congregação para a Doutrina da Fé,

---

[1] Cormac MCCARTHY, *Sunset Limited,* Einaudi, Turim 2008, p. 103.

— Sobre a humildade, ou melhor, sobre a renúncia —

em 1981, afastaram-no definitivamente do estudo e do ensino;[2] por fim, em 2005, a eleição a Papa foi o "golpe de misericórdia". Já vimos que, com uma leve bonomia, o recém-eleito pontífice comentava, no dia seguinte aos seus compatriotas alemães, o "cutelo" que tinha caído sobre a sua cabeça ("Senhor, não me faças isto! [...] Mas, visivelmente, o Senhor não me ouviu"[3]); contudo, nestes sete anos de pontificado, Bento XVI voltou ao assunto; especialmente quando visitou a Biblioteca Apostólica Vaticana, no dia 25 de junho de 2007 – a propósito, não se pode não recordar que, desde rapazes, os irmãos Ratzinger eram chamados *Orgel--Ratz* e *Bucher-Ratz*: o Ratzinger do órgão, Georg; e o Ratzinger dos livros, Joseph; e, em alemão, *Bucherratte* significa "rato de biblioteca"[4] –, quando teve de dizer: "Confesso que, quando fiz 70 anos de idade, teria desejado muito que o amado João Paulo II me concedesse que pudesse dedicar-me ao estudo e à investigação de interessantes documentos e achados que vós guardais cuidadosamente, verdadeiras obras-primas, que nos

---

[2] No momento da chamada por João Paulo II, em 1981, Ratzinger, com clarividência, comunicou assim a notícia ao seu irmão Georg: "Hoje, soube que tenho de ir para Roma. Para sempre." Conta-se que, no contentor da mudança, o nosso estudioso e amigo da música "expediu a sua escrivaninha de nogueira, um móvel herdado do patrimônio familiar, 2000 livros e o seu piano", episódio narrado por Bernhard HÜLSEBUSCH in *Signore, non farmi questo! Episodi e ricordi di Benedetto XVI,* Edizioni Messaggero, Pádua 2011, p. 31.

[3] *Ibidem,* p. 42.

[4] Cf. Gianni VALENTE, *Ratzinger professore,* San Paolo, Cinisello Balsamo 2008, p. 26.

ajudam a percorrer a história da humanidade e do cristianismo".[5] Gianni Valente observa que, alguns anos antes, a Biblioteca Vaticana tinha, durante algum tempo, parecido a meta destinada ao Prefeito do antigo Santo Ofício, no momento da sua eventual (mas nunca realizada) "aposentadoria", recordando um encontro público de nove de setembro, em Cernobbio, em que dois cardeais, Ratzinger e Martini, exprimiram o seu desejo de poder aposentar-se. O primeiro, com estas palavras: "Esta vida é muito dura, espero com impaciência o momento em que poderei voltar a escrever alguns livros. Compreendo bem o desejo do cardeal Martini, ambos somos professores".[6] Para o professor alemão, a vida tornou-se então muito mais dura, embora se deva notar que, depois, mesmo como Papa, Ratzinger escreveu alguns livros (os dois livros sobre Jesus de Nazaré, a que se seguirá rapidamente um terceiro volume), para indicar que a pessoa além de humilde também é tenaz.

Vimos Agostinho como modelo de Joseph-Bento, mas há outro grande santo do passado a quem o atual Pontífice se referiu, precisamente a esta capacidade de renúncia: São Gregório Magno, monge beneditino e também ele Pontífice romano. O jovem Ratzinger queria tornar-se beneditino (como evidencia também a escolha do seu nome como Papa) e não podia deixar de apaixonar-se, ao recordar este homem da Idade Média, "de saúde delicada, mas de têmpera moral forte"

---

[5] *Ibidem,* cf. nota n. 5, pp. 183-184.
[6] *Ibidem,* p. 184.

— Sobre a humildade, ou melhor, sobre a renúncia —

(assim o apresentou, no dia três de setembro de 2006, na catequese pública habitual das quartas-feiras) que, tendo vivido num período – no mínimo – borrascoso da história ocidental, teve a "clarividência profética de intuir que uma nova civilização estava a nascer do encontro entre a herança romana e os povos chamados 'bárbaros', graças à força de coesão e de elevação moral do Cristianismo. O monaquismo revelava-se uma riqueza não só para a Igreja, mas também para a sociedade inteira". Há uma dimensão monástica e também mística, no homem e no papa Bento XVI, que ainda não foi completamente expressa nem, muito menos, estudada. De fato, acontece que também com Gregório Magno, como com Agostinho, nos encontramos diante de um fenômeno de identificação. Dois anos depois, a quatro de junho de 2008, o papa voltou à figura do seu predecessor, sublinhando que, "nos seus escritos, Gregório nunca se mostra preocupado com delinear a 'sua' doutrina, a sua originalidade. Antes, tenciona fazer-se eco do ensino tradicional da Igreja, quer simplesmente ser a boca de Cristo e da sua Igreja sobre o caminho que se deve percorrer para chegar até Deus". Identificação perfeita com o cardeal Ratzinger que, em 1996, quando respondia a Peter Seewald sobre o seu estilo teológico, disse que não tinha "procurado nunca criar um sistema 'meu', uma teologia especial minha. Mas se, exatamente, se quiser falar de especificidade, trata-se simplesmente do fato de que me proponho pensar juntamente com a fé da Igreja, o que significa pensar sobretudo juntamente com os grandes pensadores da fé".[7]

Entre estes grandes pensadores, há sem dúvida Gregório, de quem Bento celebra a sua grandeza humilde, indicada como modelo para todos os católicos:

> Aproximar-se da Escritura simplesmente para satisfazer o seu próprio desejo de conhecimento significa ceder à tentação do orgulho e, deste modo, expor-se ao risco de resvalar para a heresia. A humildade intelectual é a regra primária para quem procura penetrar as realidades sobrenaturais, partindo do Livro sagrado. É evidente que a humildade não exclui o estudo sério; mas a humildade torna-se indispensável para fazer com que isto resulte espiritualmente profícuo, permitindo entrar realmente na profundidade do texto. Só com esta atitude interior se escuta realmente e se percebe finalmente a voz de Deus. [...] No entanto, o grande Pontífice insiste no dever que o Pastor tem de reconhecer, cada dia, a sua miséria, de modo que o orgulho não torne vão, diante dos olhos do Juiz supremo, o bem realizado. Por isso, o capítulo final da Regra é dedicado à humildade. "Quando nos agrada ter atingido muitas virtudes é bom que reflitamos sobre as nossas próprias insuficiências e nos humilhar: em vez de considerar o bem realizado, é necessário considerar o que se deixou de cumprir." [...] Ele queria ser – como costumava assinar – o *servus servorum*

---

[7] Joseph RATZINGER, *Il sale della terra,* San Paolo, Cinisello Balsamo 1997, p. 74.

— Sobre a humildade, ou melhor, sobre a renúncia —

Dei. Esta expressão, de que tanto gostava, não era na sua boca uma fórmula piedosa, mas a verdadeira manifestação do seu modo de viver e de agir. Ele estava intimamente impressionado pela humildade de Deus que, em Cristo, se fez nosso servo, lavou e lava os nossos pés sujos. Portanto, ele estava convencido de que, sobretudo, um bispo deveria imitar esta humildade de Deus e desta maneira seguir Cristo. Na verdade, o seu desejo era viver como monge em diálogo permanente com a Palavra de Deus, mas por amor de Deus soube fazer-se servidor de todos num tempo cheio de tribulações e de sofrimentos; soube fazer-se "servo dos servos". É precisamente por isto que ele é grande e mostra-nos também a medida da verdadeira grandeza.

A verdadeira grandeza de homem reside na sua humildade. Mas a identificação quase total já tinha emergido na sua quase triste precisão, durante a primeira catequese de três de setembro de 2006, quando, tanto nas palavras comemorativas como na ênfase com que foram pronunciadas, fora até demasiado fácil ver a emoção e a inquieta participação com que o Papa recordava esta "figura singular, diria quase única", de monge que se tornou Papa, contra a sua vontade: "Procurou de todos os modos evitar aquela nomeação; mas, no fim, teve de render-se e, tendo deixado pesarosamente o claustro, dedicou-se à comunidade, consciente de cumprir um dever e de ser um simples 'servo dos servos de Deus'." A melancolia do "simples" Gregório é igual à de Bento, um "simples trabalhador na vinha", que devia conhecer muito bem e apreciar esta famosa passagem do seu distante predecessor:

> Lembro-me com nostalgia do período que passei no mosteiro, quando me elevava em contemplação acima de todas as coisas mutáveis e finitas, e não pensava em mais nada que não fosse nas coisas do céu... mas, agora, por causa dos meus deveres pastorais, tenho de ocupar-me de negócios seculares e, depois de uma visão e de um repouso tão doces, estou sujo de pó da terra... suspiro como alguém que se volta para trás para olhar para a margem que se deixou para trás.

4
Sobre Bento XVI, um homem a caminho

> A única sabedoria que podemos esperar obter é a sabedoria da humildade: a humildade é sem fim.
>
> THOMAS S. ELIOT[1]

Suspirando ao ver, de quando em quando, a margem atrás de si, e sentindo-se sujo de poeira da terra (vem-nos à mente a famosa expressão sobre a "porcaria dentro da Igreja", que o cardeal Ratzinger usou nas meditações para a Via-Sacra de 2005, delegadas por João Paulo II, e que, talvez, tenham contribuído para a sua eleição), Bento XVI pôs-se a caminho, ao serviço da chamada que recebeu. Como indica a fotografia da capa da autobiografia em italiano, Joseph Ratzinger é um homem a caminho, um *homo viator,* segundo a antiga expressão retomada pelo filósofo francês Gabriel Marcel. Esta característica dos homens que estão "a caminho", simples peregrinos de passagem, tem de ver

---

[1] Thomas S. ELIOT, *Quattro quartetti,* Feltrinelli, Milão 2010, p. 115.

com a humildade, porque, como já vimos, "enquanto estivermos a caminho sobre a terra, a humildade, sempre procurada como necessária, deve considerar-se um limite inacessível".[2] Joseph-Bento está a caminho da humildade, que "se radica nas profundezas da divindade"; portanto, a caminho de Deus e, consequentemente, a caminho dos outros homens. Ao contrário, um dos muitos clichês aplicados à sua figura apresenta-o como homem estático, tetrágono, imóvel na sua escassa comunicatividade e na sua obsessão da "conservação a todo o custo", não um *globetrotter* da fé, como João Paulo II, mas um velho paquiderme parado nos gabinetes do Vaticano.

É evidente que as coisas não são assim. Nunca o foram, desde o início. "Não é nada fácil dizer onde é que eu sou de casa. O meu pai, que era polícia, teve de transferir-se frequentemente; por isso, mudamo-nos muitas vezes".[3] Ao sublinhar as "peregrinações" (é este o termo exato usado pelo autor) a que esteve sujeito o jovem Joseph, o início da autobiografia ecoa impressionante na sua simplicidade quase "profética" e recorda a passagem evangélica em que se lê: "O Filho do Homem não tem onde reclinar a cabeça";[4] mas, na realidade, toda a sua vida foi uma longa peregrinação à espera de poder voltar a casa, sabendo, porém, que a casa já estava "na margem que se deixou para trás". Já elencamos as muitas universidades (Munique, Bonn, Münster, Tübingen,

---

[2] François VARILLON, *L'umiltà di Dio,* Qiqajon, Magnano 1999, pp. 69 ss.

[3] Joseph RATZINGER, *La mia vita,* San Paolo, Cinisello Balsamo 1997, p. 5.

[4] Lc 9,58.

Ratisbona) em que Ratzinger esteve a ensinar, mudando também frequentemente a matéria de ensino mas, para este "nômade" da teologia, as mudanças nunca foram um problema. "Sobre isto estou de acordo com o cardeal Newman, quando diz que viver significa mudar e que muito viveu quem foi capaz de mudar".[5] Joseph Ratzinger é um homem que viveu muito.

Não é preciso alongarmo-nos sobre as muitas e importantes viagens que o ancião pontífice alemão fez neste primeiro septenato de pontificado, porque o fato de ele "estar a caminho" não é uma ação mensurável em quilômetros, mas antes uma atitude intimamente ligada à humildade. Estar a caminho nasce da consciência de que, do ponto de vista católico, estamos sempre na via de aperfeiçoamento da santidade, para que se tende, mas que nunca se atinge nesta terra. Por isso, vivemos inseridos numa existência que, como a besta de carga, está "nas mãos" de Deus. Desta consciência brota a humildade, irmã gêmea da gratidão que leva um homem como Joseph Ratzinger a dizer, por exemplo: "Estou realmente grato pela vida, tal como foi disposta e plasmada por Deus".[6]

---

[5] Joseph Ratzinger, *Il sale della terra,* San Paolo, Cinisello Balsamo 1997, p. 134. Depois de Agostinho e de Gregório Magno, eis outra figura a que Ratzinger está muito ligado, o inglês John Henry Newman, que ele quis pessoalmente proclamar *beato*, em setembro de 2010, durante a sua visita ao Reino Unido.

[6] *Ibidem,* p. 135.

De fato, ao ler tudo o que foi escrito sobre a vida deste homem acabamos por pensar que ele programou muito pouco as suas contínuas deslocações e mudanças, que viveu com plena confiança na Providência divina. Deslocações e mudanças que foram, as mais das vezes, dispostas e determinadas por outras pessoas: o pai polícia é causa das contínuas peregrinações do adolescente e jovem Joseph; até a sua entrada no seminário, parece ter estado no início da escolha influenciada pela do irmão mais velho; a sua carreira universitária foi condicionada não por um desígnio pessoal seu, mas pelas contínuas ocasiões e chamadas que recebe de outros superiores seus (bispos, reitores ou outros professores), tal como o seu "superior" por excelência, o Papa (primeiro, Paulo VI, que o nomeou bispo e cardeal; depois, João Paulo II, que o nomeou Prefeito do antigo Santo Ofício), quem determinou as escolhas decisivas para a segunda parte da sua vida. Por isso, poder-se-ia considerá-lo um homem essencialmente disponível; sempre cuidadoso em pôr o seu "elmo da prontidão". Como diz Hamlet, *readiness it's all* ("a prontidão é tudo").

Neste ponto, poderia ser útil um brevíssimo parêntese literário para retomar uma daquelas estranhas palavrinhas indicadas no início deste livro: *hobbits,* aquelas personagens de que eu falava com o padre Gallagher, relativamente à minha tese universitária, precisamente alguns dias antes da eleição de Bento XVI. Já todos sabem do que ou, melhor, de quem se trata: os baixos homenzinhos protagonistas do romance de J.

R. R. Tolkien, *O Senhor dos Anéis,* que participam, "o menos possível", nas guerras que infestam a fantástica Terra Média e é precisamente graças ao seu contributo que estas guerras acabam bem e do modo menos pensado e mais inesperado de todos. A sua longa viagem, desde o Condado até a medonha e desolada terra de Mordor, custará muitos sacrifícios e sofrimentos, mas permitirá que se cumpram os misteriosos desígnios da Providência. Pois bem, estes *hobbits* que, confiando na palavra de outros, se põem a caminho e chegam onde os grandes e poderosos falham, pelo menos aparentemente, não possuem nenhuma virtude: não são belos, nem robustos, nem poderosos, nem sábios, nem ricos ou astutos, não são nada disto. Mas estão "prontos". À chamada (da Graça?) que irromperá na sua vida feita de ócio e de tranquilidade, eles revelam-se disponíveis e com aquele pedacinho de coragem suficiente para ousar a perigosa viagem, embora não conheçam bem todos os seus contornos nem as metas a que estão destinados. Apenas ajudados por um incurável bom humor e por uma tenaz radicação na sua simplicidade de pessoas "terra a terra" (até vivem em buracos no terreno), eles são realmente "humildes" (*humi acclinis*), são os *anawím,* os mansos, os "abaixados" e os últimos de que falam a Bíblia e o Evangelho.

Podemos estar quase seguros de que Joseph Ratzinger não tinha lido a obra-prima de Tolkien, mas também temos quase a certeza de que conhece um pequeno ensaio do seu amigo e "mestre", o teólogo suíço Hans Urs von

Balthasar, dedicado à "simplicidade do cristão", em que usou palavras perfeitamente "oportunas" também para os bobos, os desajeitados e os vencedores *hobbits* tolkienianos. Ao analisar a figura dos *anawím,* por exemplo, von Balthasar recorda que "o termo do Antigo Testamento *anaw* pode traduzir-se em grego de dois modos: por *ptôchós,* o pobre, e por *praýs,* o manso ou o simples, sobretudo diante de Deus, em que a 'mansidão' indica a ausência de uma atitude interior que avança em direção a Deus com determinadas opiniões, princípios, pedidos e, mais uma vez, a maleabilidade, perante a aceitação da vontade de Deus ou da sua vinda".[7] E ainda:

> O verdadeiro Israel é um Israel escondido, que permaneceu acessível a Deus e à sua Palavra, graças à sua pobreza, humilhação, necessidade e paciência. [...] Israel conhece o aparente paradoxo, segundo o qual Deus está próximo dos humildes e, ao contrário, distante dos soberbos. [...] Os "ínfimos" são, muito simplesmente, aqueles que estão abertos a Deus, aqueles em quem a sua palavra e, portanto, também a plenitude da sua sabedoria, pode irromper. O que Maria enunciará no *Magnificat* como lei fundamental da história da salvação, isto é, que Deus abate os poderosos dos seus tronos e exalta os humildes, é uma citação que resume o Antigo Testamento, a par das Bem-Aventuranças de Jesus.[8]

---

[7] Hans Urs von BALTHASAR, *La semplicità del cristiano,* Jaca Books, Milão 1963, p. 36.

[8] *Ibidem,* p. 25.

Por isso, a abertura a Deus é a virtude que resgata e salva os "ínfimos", e a sua "receptividade que não procura seguranças nem se detém a refletir sobre si mesma, pela sabedoria de Deus, tão diferente que aos Judeus parece um escândalo e aos Gentios estultícia (1Cor 1,23)".[9] Estes ínfimos são os *anawím* do Antigo Testamento, os pobres de espírito e os mansos das Bem-Aventuranças, as crianças e os pequenos do Evangelho (Mt 18,1-5); são os *hobbits* de Tolkien, gente alegre que o céu ajuda, muito semelhantes aos humildes do *Magnificat* que serão "exaltados" (enquanto os poderosos serão derrubados dos seus tronos). E este "ínfimo" é também Joseph-Bento.

---

[9] *Ibidem.*

5

Sobre a humildade ou sobre viver em companhia

> O homem é mais confortado pelos paradoxos. [...] Os enigmas de Deus satisfazem muito mais do que as soluções do homem.
>
> GILBERT K. CHESTERTON

Os *hobbits* de Tolkien são famosos por viverem "em companhia"; aliás, é este o seu lado vencedor. O mesmo poder-se-á dizer sobre Bento XVI, pequeno homem a caminho que é, antes de tudo, um homem simples ou, melhor, um "simples trabalhador na vinha do Senhor". Depois, voltaremos ao aspeto da simplicidade; mas, agora, damos mais um passo na análise desta auto-definição do Papa, não antes de ter reafirmado que a sua essência de homem a caminho significa não tanto os quilômetros percorridos mas uma capacidade de abraço, uma abertura aos outros, um movimento para o outro e um diálogo com ele, acolhendo-o. A despeito do cliché mediático divulgado, de frio *"panzerkardinal"*, todas as pessoas que de algum modo se encontraram

— Sobre a humildade ou sobre viver em companhia —

com Joseph-Bento, "ao vivo", puderam constatar a doçura deste homem simples e dialogante sem traços de altivez nem afetação. Nos encontros, tanto antes como depois da eleição, ele é o primeiro a movimentar--se e a ir ao encontro dos outros, pondo-se ao seu nível, delicadamente. Nisto, ajuda-o uma notável memória que permite que a sua atenção natural em relação ao outro se exprima eficazmente. Sempre que se encontra com pessoas, também nestes sete anos de pontificado, é ele quem pede informações, mostrando conhecê-las, segui-las e recordar-se da sua história e da sua atividade. Também esta atenção e abertura aos outros são sinais de uma humildade profunda e capilar.

Ainda mais: esta abertura é uma característica do binômio simplicidade-humildade que define a figura do trabalhador da vinha do Senhor com quem o Papa pretendeu identificar-se, no seu primeiro discurso; é a "receptividade" de que fala von Balthasar, refletindo na simplicidade do cristão, aquela atitude que "não procura seguros e não se detém a refletir sobre si mesma", mas é também o sinal da ausência de qualquer narcisismo de que fala Varillon, na sua meditação sobre a humildade de Deus: "Nenhum narcisismo, nem de conhecimento nem de amor, nenhum encurvamento 'complicador' do ser, quando somos nós próprios, unicamente, ficando a tender para o outro, em movimento para o outro".[1] É a abertura que torna Joseph Ratzinger um "homem do

---

[1] François VARILLON, *L'umiltà di Dio,* Qiqajon, Magnano 1999, p. 94.

diálogo". Já como cardeal, tinha revelado esta virtude, acolhendo os pedidos mais díspares de disputa pública, provenientes de diversos intelectuais italianos, de Paolo Flores d'Arcais a Ernesto Galli della Loggia e a Marcello Pera, uma atitude que não abandonou, quando se tornou Sumo Pontífice: só em 2005, nos primeiros meses do seu pontificado, Bento XVI recebeu, em audiência privada, em Castel Gandolfo, primeiro, a muito discutida escritora Oriana Fallaci, depois Bernard Fellay, Superior dos tradicionalistas "lefebvrianos", muito crítico do Papa (mais tarde, graças também a estes encontros, chegar-se--á à atormentada reinserção dos quatro bispos cismáticos no seio da Igreja católica) e, finalmente, o velho amigo e colega Hans Küng, o teólogo alemão que a Santa Sé tinha suspendido do ensino e que tinha continuado sempre em áspera polêmica com o Vaticano (com quem João Paulo II nunca mais tinha querido encontrar-se).

Quando o sucessor do papa Wojtyla assomou, pela primeira vez, à varanda, e se definiu como "simples e humilde trabalhador da vinha do Senhor", juntamente com a inevitável emoção e apreensão, revelou ao mesmo tempo, na escolha das palavras, uma grande naturalidade e, diria eu, também segurança. "Naquele momento, eu disse o que verdadeiramente sentia", dirá cinco anos depois a Peter Seewald, no livro-entrevista *Luz do mundo*, e acrescentará alguma coisa que, além de mostrar uma vez mais a sua humildade, também evidencia que a minha leitura "futebolística" que me levava a excluir

— Sobre a humildade ou sobre viver em companhia —

a sua eleição não era assim tão peregrina, visto que também era a sua:

> Com efeito, eu tinha uma função diretiva, mas não tinha feito nada sozinho e trabalhei sempre em equipa; precisamente como um dos muitos trabalhadores da vinha do Senhor que provavelmente fez trabalho preparatório, mas, ao mesmo tempo, é um dos que não foi feito para ser o primeiro e para assumir a responsabilidade de tudo. Compreendi que, ao lado dos grandes Papas, também deve haver pontífices pequeninos que dão o seu contributo.[2]

Um amigo "incômodo" como Karl Rahner dizia-o frequentemente: "Nunca se deveria sobrevalorizar o papel de uma só pessoa"[3] e Ratzinger aprendeu-o perfeitamente; mas, mais que aprendê-lo, dever-se-ia dizer que o encarnou em todos os momentos da sua vida, mesmo quando viu que era "um homem sozinho no comando". Ele "trabalhou sempre em equipa", porque a Igreja não é senão uma equipa, a equipa de Deus ou, melhor, "o povo de Deus espalhado na terra", segundo a expressão do Catecismo do Concílio de Trento.

A análise desta definição, na vida e na obra de Santo Agostinho, tinha sido, em 1950, o tema da sua tese

---

[2] Bento XVI, *Luce del mondo. Un colloquio con Peter Seewald,* LEV, Cidade do Vaticano 2010, p. 106 [Ed. bras.: *Luz do mundo,* São Paulo, Paulinas 2011].

[3] Joseph Ratzinger, *Il sale della terra,* San Paolo, Cinisello Balsamo 1997, p. 81.

de doutoramento,[4] em que o jovem Joseph tinha mostrado a dimensão "eclesial" da sua estatura teológica. Naquele trabalho universitário, Ratzinger perguntava a si mesmo se, para Agostinho, a sua aproximação da fé católica havia comportado a real aceitação da comunidade concreta da Igreja, "com toda a sua humanidade frequentemente tão dolorosamente pequenina, que, com as suas limitações e pecados, ensombra 'preciosos tesouros da glória de Deus'".[5] Nesta tese já está todo inteiro o futuro Ratzinger, por exemplo no seu antignosticismo: "A graça do Senhor não se comunica como ideia, como *gnósis,* como consequência de um evento cultural de um *thíasos* individualista, para o qual a vida privada dos irmãos de culto é indiferente, e também como uma inserção concreta numa comunidade da salvação".[6] Na primeira página da sua primeira encíclica como Papa, escrita quase 60 anos depois, encontramos a mesma sugestão: "No início do ser cristão não está uma decisão ética ou uma grande ideia, mas antes o encontro com um acontecimento, com uma Pessoa que dá à vida um novo horizonte e com ele a direção decisiva" (*Deus caritas est,* n. 1). Um Ratzinger antignóstico, mas também de algum modo "antifilósofo", como nota Aidan Nichols, no seu ensaio sobre a teologia de Joseph Ratzinger: "A Igreja apresentava-se como mediadora, a fim de que muitos

---

4 Joseph RATZINGER, *Popolo e casa di Dio in sant'Agostino,* Jaca Book, Milão 2005.
5 *Ibidem,* p. 13.
6 *Ibidem,* p. 66.

atingissem aquela salvação completa que, segundo os filósofos, só poucos podiam obter".[7] No citado ensaio sobre o professor Ratzinger, Gianni Valente sublinha com precisão a cifra metodológica do então ainda jovem teólogo: "Já naquela sua primeira obra, Ratzinger revela dois traços distintivos do seu modo de fazer teologia: a intolerância com as contraposições dialéticas aparentes e falsas, e a atitude metodológica para integrar tudo o que pode ser integrado, seguindo o critério tipicamente católico do *et et*"[8] e, depois, observa, do ponto de vista de conteúdo, um aspeto central da visão "humilde" do teólogo, depois cardeal e papa, isto é, a sua luta contra "as tentações de orgulho autoidolátrico na equipa eclesial. A salvação prometida aos filhos da Igreja não é uma posse soberba de verdades eternas e inacessíveis, mas a participação humilde na história dos fatos de graça operados pelo Senhor, dentro da história do mundo".[9]

Extra Ecclesia nulla salus, no sentido de que ninguém se salva sozinho e "quem crê nunca está só", uma frase que se repete no discurso de Joseph-Bento (de tal maneira que se torna o lema da sua viagem à Baviera, em setembro de 2006) desde a sua primeira missa como Papa, em 24 de abril de 1995, quando, precisamente no início da sua homilia, ao recordar o seu predecessor,

---

[7] Aidan Nichols, *Joseph Ratzinger,* San Paolo, Cinisello Balsamo 1996, p. 40.

[8] Gianni Valente, *Ratzinger professore,* San Paolo, Cinisello Balsamo 2008, p. 42.

[9] *Ibidem,* p. 43.

afirmava: "Quanto nos sentimos abandonados, depois da partida de João Paulo II! O Papa que, durante 26 anos, foi o nosso pastor e guia, na caminhada, através deste tempo. Ele atravessava o limiar em direção à outra vida – entrando no mistério de Deus. Mas não fazia isto sozinho. Quem crê nunca está só, não o está nesta vida nem sequer na morte."

Bento XVI sabe que não está só, porque joga numa equipa que se estende não somente no espaço, mas também no tempo. Como já tinha afirmado num breve ensaio em 1980:

> A fé dá comunidade e vence a solidão. O crente nunca está só. [...] Sabe que tem atrás de si a grande comunidade daqueles que percorreram, em todos os tempos, o mesmo caminho e que se tornaram seus irmãos: Agostinho, Francisco de Assis, Tomás de Aquino, Vicente de Paula e Maximiliano Kolbe não são figuras do passado. Na fé, eles vivem, falam-nos, compreendem-nos, e nós compreendemo-los.[10]

Sabe que não está só, mas também conhece a solidão. Já na primeira metade dos anos 70, ao refletir sobre a vida pública de Jesus, o professor de Teologia Dogmática, Ratzinger, tinha afirmado:

---

[10] Joseph RATZINGER, "La fede è realmente um 'lieto messaggio'?", in François-Xavier Durrwell (direção de), *Chiamati alla libertà. Saggi di teologia morale in onore di Bernhard Häring,* ediziomi Paoline, Roma 1980, p. 160.

Quem opera publicamente não só faz amigos, mas também se expõe à contradição, ao mal-entendido e à instrumentalização. Então, o seu nome e a sua palavra também podem ser usados por partidos de direita e de esquerda. O Anticristo assume a máscara de Cristo e servir-se-á dele como o diabo se serve da palavra de Deus, da Bíblia (Mt 4,1-11; Lc 4,1-13). Viver de modo público significa, paradoxalmente, conhecer também o isolamento. O mesmo aconteceu com Jesus: rodeou--se de amigos, mas também Ele conheceu a desilusão que deriva da amizade traída, com a incompreensão da parte dos discípulos, bem intencionados, mas frágeis. No fim, no Monte das Oliveiras, encontrar-se--á só e angustiado, enquanto os discípulos dormem. No seu íntimo, Jesus continua incompreendido. Além desta solidão que deriva da incompreensão, Jesus conhece outra forma de isolamento: chegou a um ponto da sua vida em que os outros não estão em condições de segui-lo, onde se encontra sozinho com Deus. Para ele, vale de modo eminente o que Guilherme de Saint--Thierry observa, a propósito de algumas pessoas: "Quem está com Deus está ainda mais só do que quando está só".[11]

Mais de vinte anos depois, em 1997, haveria de confiar a Peter Seewald que se sentia só, cansado e impreparado:

---

[11] Joseph RATZINGER, *Il Dio di Gesù Cristo,* Queriniana, Bréscia 1978, p. 87.

Ma minha posição atual, as minhas forças são amplamente inferiores ao que eu deveria fazer. E quanto mais envelhecemos, tanto mais nos apercebemos de que as forças já não bastam para fazer o que deveríamos fazer, que estamos demasiado débeis, que somos demasiado incapazes ou também que não estamos à altura das situações. E, então, dirigimo-nos a Deus, dizendo: "Agora, tens de ajudar-me; agora, já não posso mais." E, depois, ainda há a solidão. Gostaria de dizer que, graças a Deus, o Senhor colocou no meu caminho tantas pessoas boas, que já não me sinto verdadeiramente só.[12]

À luz destas páginas reveladoras, assume ainda mais força a escolha do "plural" para a frase da sua divisa episcopal: "Colaboradores da verdade." O Cristianismo não é uma empresa individualista, mas uma aventura na linha da partilha. A dimensão "plural", neste sentido também "social", é fundamental para compreender o pontificado do 264º sucessor de Pedro. Por exemplo, as suas três primeiras encíclicas: em geral, é só a terceira, *Caritas in veritatem,* que é definida como "social"; mas a verdade é que também as duas primeiras o são, pois foram dedicadas às virtudes teologais da caridade e da esperança (não é este o lugar adequado a uma análise das citadas encíclicas, mas já, numa primeira leitura, podemos dar-nos conta da sua dimensão social).

Sobre a solidão, condição inevitável, mas totalizante para o sucessor de Pedro, deteve-se cuidadosamente

---

[12] Joseph RATZINGER, *Il sale della terra* cit., p. 14.

Gian Maria Vian, diretor de *L'Osservatore Romano*, que recordou a dimensão mística do Papado, citando uma meditação de Paulo VI que remonta a 1963, poucas semanas depois da eleição: "[A solidão] já antes era grande, agora é total e tremenda. Dá vertigens. Como uma estátua em cima de um pedestal; antes uma pessoa viva, tal como eu sou. Nada nem ninguém está junto de mim. Tenho de viver só, de agir só. [...] A candeia em cima do candelabro arde e consome-se sozinha. Mas tem uma função, iluminar os outros; todos, se puder." Acrescenta Vian: "O Pontificado atual é fortemente espiritual; por isso, talvez não seja bem compreendido por muitos. Embora o Papa tenha dito muitas vezes que não está só e explicado que isto vale para todos os crentes, continua a ser verdade que cada Papa tem a sua solidão constitutiva, como a define Montini, que é o peso da responsabilidade".[13]

No seu magistério, Bento XVI voltou, a nível linguístico, ao plural "nós" que, antes, João Paulo I e, depois, Karol Wojtyla, tinham abandonado; mas o seu "nós" não é certamente um *plurale maiestatis:*

> Não apaguei o "eu" − explica a Peter Seewald −, mas deixei-o entre ambos, o "eu" e o "nós". De fato, em muitos assuntos não digo somente o que veio à mente de Joseph Ratzinger, mas falo a partir da comunitariedade, do caráter comunitário da Igreja. De certo modo, falo em íntima comunhão com os crentes e

---

[13] Cf. entrevista a *Il Foglio*, de 20 de maio de 2010.

exprimo o que todos nós somos e aquilo em que, juntos, acreditamos. Por isso, o "nós" não tem o valor do *plural majestático,* mas indica o peso certo que se quer dar à realidade de falar a partir dos outros, por meio dos outros e com os outros. Mas, quando se diz alguma coisa de pessoal, é preciso utilizar o "eu". Portanto, utilizo tanto o "eu" como o "nós".[14]

Et-et: eis o pensador católico que não gosta das "contraposições dialéticas aparentes e falsas", mas sabe captar que "a vida não se situa nas contradições, mas nos paradoxos",[15] porque "o homem é muito mais confortado pelos paradoxos", como escreve Chesterton, no prefácio ao livro *Jó,* enquanto "os enigmas de Deus satisfazem muito mais que as soluções do homem".

Para Ratzinger, é fundamental *sentire cum Ecclesia:* o católico é um homem que pensa-com, que vive na dimensão comunitária da Igreja, que não se entrincheira atrás de um pensamento orgulhosamente "seu". Como já vimos, é quase com orgulho que o teólogo bávaro reivindica a sua opção em favor da humildade: "Nunca procurei criar um sistema pessoal, meu, uma teologia particular, minha. Mas, se se quiser falar de especificidade, tratar-se-á simplesmente do fato de que me proponho pensar juntamente com a fé da Igreja, e isto significa pensar sobretudo juntamente com os grandes pensadores da fé".[16] De novo a grande equipa de Deus que se

---

[14] Bento XVI, *Luce del mondo* cit., p. 124.
[15] Joseph Ratzinger, *Il sale della terra* cit., p. 78.
[16] *Ibidem,* p. 74. Portanto, é evidente que, para o teólogo Ratzinger, na

— Sobre a humildade ou sobre viver em companhia —

estende no espaço e no tempo, uma equipa feita "também de pontífices pequeninos que dão o seu contributo".[17] Esta humildade aparece aqui na sua roupagem de liberdade interior, ausência de possessividade e de orgulho: no dia 27 de janeiro de 2010, numa catequese dedicada a um santo que lhe é muito querido, São Francisco de Assis, Bento XVI afirmou que o *Pobrezinho de Assis* "sabia que Cristo nunca foi 'meu', mas é sempre 'nosso', que 'eu' não posso ter Cristo nem reconstruí-lo contra a Igreja, contra a sua vontade e o seu ensino; mas que somente em comunhão com ela, construída sobre a sucessão dos Apóstolos, se renova também a obediência à palavra de Deus".

Dois meses depois, a 28 de março, por ocasião da homilia do Domingo de Ramos, o Papa afirmou que o cristão é um homem a caminho, em ascese, e que esta viagem não é solitária, antes e sobretudo em companhia, uma viagem que exige humildade:

> Caminhar com Jesus é, ao mesmo tempo e sempre, caminhar no "nós" daqueles que querem segui-lo. Introduz-nos nesta comunidade. Dado que a caminhada

---

"equipa" que é a Igreja, os teólogos podem dar um grande contributo, desde que se atenham ao seu papel: "Não pretendo de modo nenhum opor-me aos teólogos, porque de outro modo deveria também fazer guerra a mim próprio. Oponho-me, sim, a uma teologia que perdeu a sua unidade de medida e que, consequentemente, já não realiza o seu serviço corretamente. Para mim, o ponto decisivo é exatamente este: estamos ao serviço da Igreja, mas não decidimos o que ela é. Em todo o caso, para mim, aquela [minha] frase 'é a sua Igreja e não a nossa' indica o verdadeiro ponto fulcral", *Ibidem,* p. 92.

[17] Bento XVI, *Luce del mondo* cit., p. 106.

até à vida verdadeira, até sermos homens conformes com o modelo do Filho de Deus, Jesus Cristo, supera as nossas próprias forças, esta caminhada também é sempre sermos levados. Encontramo-nos, por assim dizer, numa cordada (*conjunto unido por cordas*) com Jesus Cristo, juntamente com Ele, na escalada para as alturas de Deus. Ele puxa-nos e aguenta-nos. Faz parte do seguimento de Cristo que nos deixemos integrar nesta cordada; que reconheçamos que não podemos fazê-lo sozinhos. Faz parte dela este ato de humildade, que entremos no "nós" da Igreja; [faz parte dela] agarrarmo-nos à cordada, à responsabilidade da comunhão e não quebrarmos a corda com a teimosia e o pedantismo. Tanto crer humildemente com a Igreja como estar preso à cordada da ascensão para Deus são uma condição essencial do seguimento. Também faz parte de estar no conjunto da cordada não nos comportarmos como donos da palavra de Deus e não corrermos atrás de uma ideia errada de emancipação. A humildade do "ser/estar-com" é essencial para a ascensão. Também faz parte dela que nos Sacramentos deixemos sempre e de novo que o Senhor nos leve pela mão; que nos deixemos purificar e robustecer por Ele; que aceitemos a disciplina da escalada, embora estejamos cansados. Finalmente, devemos ainda dizer: a Cruz faz parte da ascensão para a altura de Jesus Cristo e da ascensão até à altura do próprio Deus.

Recapitulando: humildade ou, então, ser/estar-com, viver a vida "em companhia", junto com outros com quem se come o pão (*cum panis*), e esta companhia permite a ascese que, no entanto, passa pela descida: só se sobe quando se está *humi acclinis,* caminhando em direção à terra, descendo abaixo da terra, como Cristo que, crucificado e sepultado, "desceu aos infernos", porque quem se humilha será exaltado (Lc 14,11).

Em suma, o católico tem os pés bem plantados na terra mais do que a cabeça no céu, como recordou o Papa, na homilia da missa da conclusão da sua terceira viagem à Alemanha, no dia 25 de setembro de 2011, em Friburgo:

> A humildade é uma virtude que hoje não goza de grande estima. Mas os discípulos do Senhor sabem que esta virtude é, por assim dizer, o óleo que torna fecundos os processos de diálogo, fácil a colaboração e cordial a unidade. *Humilitas,* a palavra latina para humildade, tem a ver com *humus,* isto é, húmus, ligação à terra, à realidade. As pessoas humildes estão com os dois pés no chão. Mas, sobretudo, ouvem Cristo, a Palavra de Deus, que renova ininterruptamente a Igreja e cada um dos seus membros.

6

Sobre Bento XVI, trabalhador na vinha do Senhor

> Nunca conheceremos a nossa altura, enquanto não formos chamados a levantar-nos.
>
> EMILY DICKINSON

Quem percebe de *humus,* "terra", é precisamente o humilde trabalhador da vinha. A autodefinição de 19 de abril de 2005 foi pronunciada com uma inevitável emoção que se percebe não somente no timbre da sua voz e na pronúncia das palavras, mas também com grande naturalidade e segurança. Não custou a Joseph Ratzinger usar esta expressão, porque se sentiu em casa e bebeu a água de um poço conhecido. Antes de tudo, o poço da Bíblia, que está cheia de vinhas, de vinhateiros, de trabalhadores e servos. Não é aqui o lugar certo para percorrer toda a história da exegese bíblica destas imagens, mas talvez possamos limitar-nos a dois trechos evangélicos que falam precisamente de servos da vinha.

O primeiro é o da parábola dos vinhateiros homicidas que encontramos nos Evangelhos sinóticos e

— Sobre Bento XVI, trabalhador na vinha do Senhor —

onde se nota imediatamente o contraste entre o amor do patrão, descrito com precisão, que se detém no cuidado meticuloso com que alimenta e protege a sua vinha e a violência dos vinhateiros que matam todos os seus emissários e até o seu filho: não se dá por adquirido que o trabalhador da vinha seja sempre "simples e humilde", porque também pode ser ingrato e soberbo.

Ao autodefinir-se como "simples" trabalhador na vinha, o Papa quis dizer: sou apenas um "soldado simples", no exército do povo de Deus; mas, de per si, isto não garante nada, porque o importante é que este soldado também seja "humilde" de coração, de contrário, o risco de traição é elevadíssimo e faz com que contribua para o aumento da "sujidade dentro da Igreja". Um risco que cresce com a subida do "grau": a partir deste ponto, as hierarquias da Igreja têm mais responsabilidade (é justamente Santo Agostinho quem diz que ser cristão consiste na dignidade de graça que nos une, enquanto ser bispo é, de fato, um perigo) e os teólogos, fortalecidos com o seu poder intelectual, correm mais riscos que todos. Em Ratzinger, é forte a lição de um teólogo que lhe é muito caro como Romano Guardini, que se interrogava: "Qual é o Deus que se revela, através daquele Jesus que fracassa tão miseravelmente, que não encontra outros companheiros a não ser estes pecadores, que foi vencido por uma casta de teólogos políticos, contra quem se instaurou um processo e que é condenado como visionário e revolucionário?".[1] Na humildade do cristão, que é a de Cristo que desceu tão baixo que deixou que os teólogos o matassem e os amigos o traíssem, oculta-se o segredo para manter-se servo manso e humilde e não traidor e assassino. A humildade de Cristo é a humildade de Deus, como ilustra um segundo trecho, a parábola dos trabalhadores da última hora (Mt 20,1-16). Neste texto, vê-se Deus-senhor da vinha que nunca deixa de chamar trabalhadores para mandá-los trabalhar nos seus campos, a qualquer hora. Mesmo quando o trabalho se torna objetivamente antieconômico, Deus continua até o fim a chamar a todos, e mesmo quem responde em último lugar pode receber o máximo; Joseph-Bento sempre teve muito presente esta desproporção, entre a medida de Deus e a dos homens, como vemos na maneira como terminava a sua primeira homilia papal, no dia 24 de abril de 2005: "Assim, hoje, quereria, com grande força e grande convicção, a partir da experiência de uma longa vida pessoal, dizer-vos, caros jovens: não tenhais medo de Cristo! Ele não tira nada e dá tudo. Quem se dá a Ele, recebe o cêntuplo. Sim, abri, escancarai as portas a Cristo – e encontrareis a verdadeira vida." Aos 78 anos de idade, na sua "última hora", Joseph Ratzinger foi chamado a outra grande mudança, a outro salto de qualidade, o mais alto, e tudo isto o incomoda, mas num atordoamento que é alegria, não confusão. Como

---

[1] O trecho de Romano Guardini, tirado de *Il Signore,* Vita e Pensiero, Milão 1962, é citado por François VARILLON, *L'umiltà di Dio,* Qiqajon, Magnano 1999, p. 59.

lembrou, no encontro convivial com os membros do colégio cardinalício de 1º de julho de 2011, por ocasião do sexagésimo aniversário do seu sacerdócio:

> "Ecce quam bonum et quam iucundum habitare fratres in unum" (Sl 133,1): estas palavras do Salmo são para mim, neste momento, uma realidade vivida. Vejamos como é bom que os irmãos estejam juntos e vivam juntos a alegria do sacerdócio, de termos sido chamados à vinha do Senhor. [...] Depois, veio o momento do Concílio Vaticano II, onde todas aquelas esperanças que tivéramos pareciam realizar-se; depois, o momento da revolução cultural em 68, anos difíceis em que a barca do Senhor parecia cheia de água, quase a ponto de afundar-se; e, contudo, o Senhor − que, naquele momento, parecia dormir − estava presente e guiou-nos em frente. Eram os anos em que trabalhei ao lado do Beato João Paulo II: inesquecíveis! E, depois, finalmente, a hora totalmente inesperada do 19 de abril de 2005, quando o Senhor me chamou a um novo compromisso e, só confiando na sua força, abandonando-me a Ele, pude dizer o "sim" deste momento. Nestes 60 anos, quase tudo mudou, mas permaneceu a fidelidade do Senhor.

Uma vez mais, a humildade com a sua irmã gêmea, a gratidão. Desta rápida reconstrução, intui-se que, desde a ordenação sacerdotal de 1951, o jovem Joseph tinha-se compreendido a si mesmo como "trabalhador na vinha"; aliás, já o papa Paulo VI o tinha definido assim, no dia 24 de março de 1977, ao nomeá-lo arcebispo de Munique e Freising: "No Espírito, olhamos para ti, dileto filho. Estás provido de extraordinários dons do Espírito e és um mestre em Teologia. Agora, pedimos-te: trabalha na vinha do Senhor!" Era a este "precedente" que Bento XVI se referia, antes mesmo do texto bíblico, na mensagem de 19 de abril.

O atordoamento jubiloso que atingiu o recém-eleito pontífice, naquela hora, "totalmente inesperada", foi notado pelo mundo inteiro, nas imagens daquele primeiro e breve discurso que os *mass media* difundiram em direto. Todos se lembram da emoção da voz e do gesto embaraçado, mas também explosivo dos braços abertos, quase disparados para o alto, de tal maneira afastados que todos notaram imediatamente a dissonância estática das mangas da camisola preta que surgiram, prepotentemente, por debaixo das mangas da batina branca, um efeito quase cômico (mas talvez os guardiães da ortodoxia do *look papal* não se tenham rido; e parece que, depois, também houve censuras) que confirmava que, para o ancião cardeal bávaro, a eleição tinha sido um raio num céu sereno (alguém comentou: se não se lembrou de tirar a camisola quer dizer que não esperava ser eleito).

O gesto dos braços abertos faz lembrar muito o de Pio XII que, no entanto, tinha os braços abertos em frente, horizontalmente ("parecia um anjo com óculos", cantará nos anos 80 Francesco De Gregori), enquanto Bento XVI os levanta ao céu. Este gesto não está desligado das palavras pronunciadas pelo humilde e simples chamado, a servir na vinha do Senhor; é sobretudo a expressão daquela humildade e simplicidade, e quer dizer:

"Entrego-me todo a ti, ó Senhor, trabalha Tu, porque tenho a certeza que sabes trabalhar e agir mesmo com instrumentos insuficientes." Em suma, quanto mais se sobe tanto mais se deve descer no sentido da humildade: o Papa deve ser o mais humilde dos cristãos, o *servus servorum Dei:* "Quanto ao Papa, também ele é um pobre mendigo diante de Deus, ainda mais que os outros homens", afirmou Bento XVI, ao responder à pergunta de Peter Seewald sobre "como reza o Papa":

> Naturalmente, rezo antes de tudo e sempre ao Senhor, a quem estou ligado, por assim dizer, por uma antiga amizade. Sou muito amigo de Agostinho, de Boaventura e de Tomás de Aquino. Por isso, digo-lhes: "Ajudai-me!" Depois, a Mãe de Deus é, sempre e de todas as maneiras, um grande ponto de referência. Neste sentido, insiro-me na Comunhão dos Santos. Depois, juntamente com eles e fortalecido por eles, também falo com o Deus bom, sobretudo mendigando, mas também agradecendo; ou contente, simplesmente.[2]

Bento permaneceu o mesmo desde o pequeno Joseph que, "num belo domingo de março de 1936", fez a Primeira Comunhão:

> Um dia de sol, a igreja muito bonita, a música... Éramos uns trinta rapazes e raparigas da nossa pequena aldeia de não mais de 500 habitantes. [...] E

---

[2] BENTO XVI, *Luce del mondo. Un colloquio con Peter Seewald,* LEV, Cidade do Vaticano 2010, p. 35 [Ed. bras.: *Luz do mundo,* São Paulo, Paulinas 2011].

compreendi que começava uma nova etapa da minha vida – eu tinha nove anos – e que agora era importante permanecer fiel a este encontro, a esta comunhão. Prometi ao Senhor, tanto quanto eu podia: "Quereria estar sempre contigo" e pedi-lhe "Mas, sobretudo, está Tu comigo!" e assim caminhei na minha vida. Graças a Deus, o Senhor levou-me sempre pela mão, guiou-me em situações difíceis.[3]

O mesmo homem, aos 85 anos como aos 9: um Papa menino que se deixa conduzir pela mão, sem se ensoberbecer. Sabe muito bem o que dizem dois dos seus melhores "amigos" (isto é, Agostinho, citado por Tomás, na sua *quaestio* sobre a humildade, na *Summa Theologiae*): "Diante de Deus, o prelado esteja com temor sob os pés de todos vós" e o conselho que outro importante membro da Comunhão dos Santos dava no séc. XII ao papa Eugênio III: "O *De Consideratione* de São Bernardo representa, claramente, uma leitura obrigatória para todos os Papas. Leem-se nele muitas coisas importantes como, por exemplo: lembra-te de que não és sucessor do imperador Constantino, mas de um pescador".[4] Portanto, é forçoso que o Papa seja humilde.

---

[3] BENTO XVI, *Con Gesù la vita è una festa,* LEV-Edizioni Paoline, Roma 2006, pp. 5 ss.

[4] BENTO XVI, *Luce del mondo* cit., p. 108.

7
Sobre a humildade, segundo os Papas: humildade é verdade

> Penso que é impossível que o homem seja grande, se não admitir que há alguma coisa maior do que ele.
>
> ORSON WELLES

Já sublinhamos que há uma semelhança entre o gesto do abraço com os braços completa e horizontalmente abertos de Pio XII e o do papa Ratzinger com os braços erguidos para o alto. Quando, em 29 de junho de 1951, o jovem Joseph, de 24 anos, se tornou sacerdote, Pio XII ocupava a Cátedra de Pedro havia mais de 12 anos e nela continuaria ainda por mais sete. Ratzinger não é propriamente um fã da Igreja daqueles anos, é um sacerdote fiel, mas sente um pouco aquilo a que von Balthasar chamava "o complexo antirromano",[1] notando uma certa distância entre o centro estático de Roma e a mais vital periferia da Igreja. A reviravolta foi a chamada ao Concílio Vaticano II,

---

[1] Trata-se de uma referência ao ensaio de Hans Urs von BALTHASAR, *Il complesso antirromano. Come integrare il papato nella chiesa universale*, Queriniana, Bréscia 1974.

primeiro como consultor teológico do arcebispo de Colônia, o cardeal Josef Frings, e, depois, como perito do Concílio, por interesse do mesmo Frings, desde o fim da primeira sessão de 1962. Com os dois Papas do Concílio, João XXIII e Paulo VI, o teólogo mantém uma relação genuína, a distância (mas cada vez de maior proximidade), com simplicidade e absolutamente nada cerimoniosa, como observa Gianni Valente:

> No relatório do segundo período conciliar, Ratzinger começa por elogiar Paulo VI, por este ter decidido continuar o Concílio, depois da morte do seu predecessor e pelas novidades contidas no seu discurso de abertura da segunda sessão. Naquela alocução, o papa Montini também quis envolver a assembleia conciliar na reforma da Cúria e anunciou a futura instituição de um novo organismo colegial, o Sínodo dos Bispos. Segundo Ratzinger, este novo organismo "não deve ser considerado como submetido à Cúria, mas antes como uma representação direta dos episcopados mundiais". Ratzinger permite-se também uma singular *laudatio*, em memória de João XXIII: "Diz-se que ninguém está mais morto do que um papa morto. Mas isto certamente não se aplica aqui. Pode dizer-se que ninguém está mais presente neste Concílio do que o Papa morto. É bem possível que os padres do concílio estejam mais impressionados agora com a sua humilde aceitação da vontade de Deus do que durante o tempo da sua vida".[2]

---

[2] Gianni VALENTE, *Ratzinger professore,* San Paolo, Cinisello Balsamo 2008, p. 104.

— Sobre a humildade, segundo os Papas: humildade é verdade —

A alusão à humildade de João XXIII é repetida relativamente a Paulo VI, por ocasião de um simpósio realizado em setembro de 1977 para festejar o 80º aniversário do papa Montini (que, três meses antes, o tinha criado cardeal). Ratzinger escreveu um texto "sobre o que e como deveria ser um Papa" e diz que um Papa "deveria considerar-se e comportar-se como o menor dos homens", que deveria admitir "que só conhece a única coisa que lhe foi ensinada por Deus Pai através de Cristo".[3] Para o jovem cardeal, o lugar autêntico do *Vicarius Christi* é a Cruz, e ser Papa (como repetirá, quando se tornar Vigário de Cristo) "significa tornar presente o poder de Cristo como barreira ao poder do mundo. E isto não sob a forma de um qualquer domínio, mas antes carregando este peso sobre-humano em cima dos seus ombros humanos".[4]

Paulo VI conhecia bem o peso das chaves[5] que carregava como sucessor de Pedro, um papa humilde, que Bento XVI faz lembrar pela sua delicadeza de caráter e requinte cultural e que, dois anos antes, a 5 de fevereiro de 1975, por ocasião do ano jubilar, tinha dedicado uma catequese inteira a esta virtude que, para Montini, é, antes de tudo, uma "exigência, poderíamos dizer,

---

[3] Bento XVI, *Luce del mondo. Un colloquio con Peter Seewald,* LEV, Cidade do Vaticano 2010, pp. 24 ss [Ed. bras.: *Luz do mundo,* São Paulo, Paulinas 2011].

[4] Ibidem.

[5] *Le chiave pesanti* é o título de uma biografia de Paulo VI, escrita por Domenico Agasso e publicada em 1979 pela tipografia da Livraria da família.

constitucional da psicologia e da moralidade do cristão que ninguém poderá negar. Um cristão soberbo é uma contradição nos seus próprios termos. Se quisermos renovar a vida cristã, não poderemos calar a lição e a prática da humildade". Todavia, tanto para São Tomás de Aquino como também para o Papa de Bréscia, trata-se de uma virtude que se mostra problemática, dado que é dificilmente conciliável com o chamamento à "grandeza" que Deus dirige a cada homem:

> Antes de tudo, como resolver o contraste entre a vocação à grandeza e o preceito da humildade? Sem recorrer às célebres expressões de Pascal, acerca da grandeza e da miséria do homem (cf. Pascal, *Pensées,* 400, 416, 417 etc.), todos os dias, nós temos nos lábios e no coração o *Magnificat,* o hino sublime de Nossa Senhora que proclama a sua humildade de serva diante de Deus e de todos os que escutam a sua voz dulcíssima (*"Humilitatem ancilae suae"*: Lc 1,48) e, ao mesmo tempo, celebra as grandezas que Deus operou nela e profetiza que todas as gerações humanas a exaltarão (Lc 1,49). Mas como? Como conciliar a humildade mais sincera e mais operante com o reconhecimento da mais alta dignidade?[6]

Aqui, Paulo VI tem uma expressão formidável: "A contradição aparente entre humildade e dignidade do cristão não podia ter uma solução mais alta e autorizada". E a primeira solução foi dada pela consideração do

---

[6] Para os discursos públicos de Paulo VI, veja-se a página web: http://www.vatican.va/holy_father/index_it.htm.

— Sobre a humildade, segundo os Papas: humildade é verdade —

homem diante de Deus. O homem religioso tem mesmo de ser humilde. A humildade é verdade. A consciência cósmica gera a humildade: "Que é o homem, para que Tu, ó Deus, lhe dês importância?" (cf. Jó 7,17).

Humildade como verdade, isto é, como busca.[7] Também nisto é difícil sintetizar a "lição" montiniana sobre a humildade, de tal maneira é fino, denso e "compacto" o seu raciocínio. Cita Santo Agostinho para confirmar que "a humildade deve ser colocada no quadro da verdade (S. Augustini, *De natura et gratia,* 34, PL. 44, 265)" e também a *Summa* de São Tomás para recordar-nos que somos pequenos; e, além disso, somos pecadores (cf. S. Thomae, *Summa Theologiae,* II-II, q. 161)" e observa que o caminho da humildade é um percurso não isento de riscos e de ambiguidades:

> Neste ponto, a humildade parece lógica e tão fácil que, se não fosse temperada por outras considerações provenientes da misericórdia de Deus, conduzir-nos--ia ao ceticismo e ao desespero: "Humilhai-vos, pois, debaixo da poderosa mão de Deus, para que Ele vos exalte no devido tempo. Confiai-lhe todas as vossas preocupações, porque Ele tem cuidado de vós" (1Pe 5,6-7).

---

[7] A Santa Teresa de Lisieux no seu leito de morte foi dito: "Compreendeste verdadeiramente a virtude da humildade". E ela respondeu: "Sim, parece-me que sempre procurei somente a verdade", episódio citado por Erich PRZYWARA, *Umiltà, pazienza e amore. Meditazioni teologiche,* Queriniana, Bréscia 1968, p. 29.

Salva-nos o exemplo de Cristo, "escola e modelo de humildade (cf. S. Bernardi, *De gradibus humilitatis et superbiae;* PL 182, 941ss)", de outro modo, escolher autonomamente a via da humildade corresponde a um grande risco porque "a sua consistência moral não é sempre unívoca e segura, porque facilmente se deprime em aviltamento ou incha de presunção e de vaidade". Estar radicado em Cristo, "manso e humilde de coração", é o segredo para viver de modo sadio esta virtude que tem "muitos irmãos e irmãs":

> Este parentesco, entre a humildade e o amor, entre a humildade e o exercício da autoridade indispensável à justiça e ao bem comum, e, finalmente, entre a humildade e a oração, poderia e deveria ser objeto de reflexão ulterior; agora, basta-nos ter reivindicado o lugar que lhe compete na renovação cristã, de que andamos à procura, um lugar indispensável e capital, o de uma virtude, como diz São Tomás, atrás da escolta de Cristo (Mt 11,29; 18,2) é, depois das teologais e da justiça, "excelentíssima et poderosíssima", a ótima e a preferível (S. Thomae, *Summa Theologiae,* II-IIæ, 161,5; cf. S. Augustini, *De verb. Dom.,* sem. 69, 1; PL 38, 441).

Giovanni Battista Montini não foi somente mestre de humildade, mas, coisa mais árdua, foi um homem humilde. Segundo o cardeal Bernardin Gantin, todos os três papas, desde 1978, foram "papas humildes e fiéis".[8]

---

[8] É este o título da longa entrevista concedida pelo card. Gantin ao jornalista Gianni Cardinale da revista mensal *30 giorni,* em

— Sobre a humildade, segundo os Papas: humildade é verdade —

No dia 26 de agosto de 1978, ao ser eleito Papa com o nome de João Paulo I, Albino Luciani levou consigo, como divisa papal, a palavra que tinha escolhido no momento da ordenação episcopal, no dia 27 de dezembro de 1958: *Humilitas.* No dia 28 de setembro de 2008, no momento da oração do *Angelus,* Bento XVI recordou o seu predecessor com estas palavras:

> Ele escolheu como divisa episcopal a mesma que São Carlos Borromeu: *Humilitas.* Uma única palavra que sintetiza o essencial da vida cristã e indica a virtude indispensável de quem, na Igreja, é chamado para o serviço da autoridade. Numa das quatro audiências gerais havidas durante o seu brevíssimo pontificado, disse, entre outras coisas, com aquele tom familiar que o caracterizava: "Limito-me a recomendar uma virtude muito querida do Senhor que disse: aprendei de mim que sou manso e humilde de coração... Mesmo que tenhais feito grandes coisas, dizei: somos servos inúteis". E observou: "Mas, em vez disso, há em nós uma tendência para o contrário: pormo-nos na montra" (*Insegnamenti di Giovanni Paolo I,* pp. 51-52). A humildade pode considerar-se o seu testamento espiritual. [...] "Devemos sentir-nos pequeninos diante de Deus – disse naquela mesma audiência e acrescentou: – Não me envergonho de sentir-me como uma criança diante da sua mãe: se ela crê na mãe, eu creio no Senhor, naquele que Ele me revelou" (*Ibidem,* p. 49). Estas palavras mostram toda a densidade da sua

---

setembro de 1998, no 20º aniversário da eleição do papa João Paulo I.

fé. Enquanto agradecemos a Deus por tê-lo dado ao mundo, aproveitemos com o seu exemplo, empenhando-nos por cultivar a sua própria humildade que o torna capaz de falar a todos, especialmente aos pequeninos e aos chamados distantes. Por isso, invocamos Maria Santíssima, humilde Serva do Senhor.

Como cardeal, em agosto de 2003, ao recordar a figura do "Papa do sorriso", Joseph Ratzinger mostra não ter dúvidas:

> Pessoalmente, estou convencidíssimo que era um santo. Pela sua grande bondade, simplicidade e humildade. E pela sua grande coragem de dizer as coisas com grande clareza, mesmo indo contra as opiniões correntes. E também pela sua grande cultura de fé. Não era somente um simples pároco que, por acaso, se tinha tornado patriarca. Era um homem de grande cultura teológica e com grande sentido e experiência pastoral. Os seus escritos sobre a catequese são preciosos. E é belíssimo o seu livro *Illustrissimi,* que eu li imediatamente depois da eleição. Sim, estou convencidíssimo de que é um santo.[9]

Bondade, simplicidade, humildade e coragem: para Bento XVI, a pessoa de Albino Luciani é uma figura de grande fé que ele conta entre os seus guias espirituais.[10]

---

[9] Entrevista concedida a Gianni Cardinale para o número de agosto da revista *30 giorni.*
[10] Cf. o artigo de Daniela De Donà no *Gazzettino del nordest*, de 28 de abril de 2007.

— Sobre a humildade, segundo os Papas: humildade é verdade —

A estas quatro virtudes que o pontífice atual atribui ao seu predecessor, podemos tranquilamente juntar a devoção a Maria; e, por fim, o sentido do humor que todo o mundo conheceu, naqueles 33 dias de pontificado do "Papa do sorriso".

Em Albino Luciani, sorrir era parte e instrumento da comunicação e, portanto, da catequese, em que era mestre; mas, além disso, em Luciani também o sorriso era algo diferente. Ele, que tinha familiaridade com os literatos, não ignorava François Rabelais – o romancista francês do séc. XVI, autor de *Gargântua e Pantagruel* – embora nunca lhe tenha endereçado nenhuma das suas cartas. Pois bem, Rabelais detestava aqueles que não sorriem e que também nunca se riem. Metiam-lhe medo, porque a mãe natureza não os dotara de espírito e de humor. [...] Portanto, humor e sorriso como sabedoria de vida; otimismo como caridade. Até a visível amabilidade de Albino Luciani era governada pelo desejo de apoiar, encorajar, valorizar os seus interlocutores. Não nos esqueçamos de que ele foi realmente e é recordado como um grande catequista. Certamente, inspirava-se em grandes exemplos, mas de seu, punha o amor pela simplicidade, pela essencialidade: tanto uma como outra, servas da verdade.[11]

Mais adiante, voltaremos aos dois aspetos da devoção mariana e do sentido do humor; entretanto,

---

[11] Assim escreve Vincenzo Bertolone, arcebispo de Catanzaro, in *L'Osservatore Romano*, de 26 de agosto de 2011.

devemos recordar-nos de que eram dois pontos de força do terceiro Papa de 1978, João Paulo II.

Já se escreveu muito sobre Karol Wojtyla e Joseph Ratzinger e a sua história de amizade e colaboração ao longo de 24 anos; por isso, não pretendo acrescentar mais nada, a não ser uma simples anotação, por assim dizer, de "estilo". Sirvo-me das palavras de Mons. Georg Gänswein, secretário pessoal de Bento XVI, que, numa entrevista de 28 de setembro de 2010, sublinhava o "estilo próprio" do atual pontífice e, uma vez mais, a sua humildade:

> Cada papa responde à chamada de Jesus, "com a sua personalidade e com a sua sensibilidade irrepetível" – prosseguiu Mons. Gänswein. "O papa Bento XVI não é igual a João Paulo II. Deus não gosta da repetição e das fotocópias." "Mas – eis o fato verdadeiramente singular e edificante – o papa Bento XVI apresentou--se ao mundo como o primeiro devoto do seu predecessor; é um ato de grande humildade que espanta e suscita uma admiração comovida." Bento XVI deu à Igreja e ao mundo uma maravilhosa lição de estilo pastoral: "Quem começa um serviço eclesial – esta é a sua lição – não deve apagar os vestígios de quem trabalhou anteriormente, mas deve pôr humildemente os seus pés nas pegadas de quem caminhou e se cansou antes dele". Deste modo, Bento XVI "recolheu esta herança e está a elaborá-la com o seu estilo manso e reservado, com as suas palavras calmas e profundas, com os seus gestos comedidos mas incisivos". "João

— Sobre a humildade, segundo os Papas: humildade é verdade —

Paulo II foi o Pontífice das grandes imagens, com um poder imediatamente evocativo; Bento XVI é o Papa da palavra, da força da palavra; é mais teólogo do que homem de grandes gestos, um homem que 'fala' de Deus", concluiu.[12]

"O estilo é o homem", segundo a definição do naturalista Buffon, e esta longa reflexão sobre a humildade de Bento XVI é, no fundo, um modo para compreender melhor o mistério de uma pessoa, visto que, como recordava São Tomás, na *Summa Theologiae,* "da atitude interior da humildade derivam sinais exteriores, palavras, ações e gestos que manifestam o interior, como acontece com as outras virtudes: porque, como diz a Escritura, 'o homem sensato conhece-se pelo aspeto e pelo modo de apresentar-se'".[13]

Se voltarmos à famosa cena de que partimos (e a que voltamos já muitas vezes), a cena do primeiro discurso como Papa, logo que eleito, no dia 19 de abril de 2005, e a compararmos com aqueloutra, também ela famosíssima, da primeira aparição de João Paulo II, na tarde de 16 de outubro de 1978, poderemos notar muitas analogias e algumas diferenças interessantes. Ambos se dirigem a Maria; manifestam não só receio e medo, mas também força e confiança; pedem ajudas e orações; lembram às "multidões" que foram escolhidos pelos "eminentíssimos senhores cardeais": são tudo

---

[12] A entrevista apareceu na agência Zenit neste endereço web: http://www.zenit.org/article-23879?l=italian.

[13] TOMÁS DE AQUINO, *Summa Theologiae,* secção II-II, q. 161.

pontos que os dois velhos amigos (cronologicamente mais velho Wojtyla, mas Ratzinger mais velho no início do pontificado) têm em comum. Há um pormenor que me impressiona no plano das diferenças: o gesto das mãos. Logo que chegou, Bento XVI levantou-as em direção ao céu e mantém-nas sempre abertas para o alto, tão estendidas quanto ele estava tenso naquele momento de grande emoção. Também João Paulo II estava emocionado; mas, passados alguns minutos, baixou as mãos e até chegou a apoiar-se no mármore da balaustrada da varanda, terminando o seu breve discurso quase agarrado a ela. Não sou especialista de interpretação dos gestos e dos movimentos dos seres humanos; mas, ao ver e rever o filme da eleição de Wojtyla, percebo esta mensagem: "Estou duramente impressionado com esta novidade e responsabilidade que descarregaram nos meus ombros; por isso, apoio-me, procuro um amparo para arranjar força. Ao mesmo tempo, ao falar convosco, povo de fiéis, ganho confiança e alongo as mãos como para apertar--vos contra mim, para estabelecer um contato, um calor, para tomar-vos e manter-vos apertados." Apoiar-se com as mãos na varanda já não sabe a medo, mas a uma reencontrada segurança, de força e de "tomada de posse" daquele papel que, dali em diante, durante quase 27 anos, o recém-eleito Pontífice polaco deverá interpretar e que conseguirá fazer sobretudo com aqueles gestos "com um poder imediatamente evocativo". Em Bento XVI, não há nada disto: as suas mãos voam para o alto, aéreas, leves. Não existe o gesto rochoso de um homem belo, jovem e forte que se apoia na rocha marmórea da Basílica vaticana como se fosse um professor na cátedra, um reitor de universidade ou, de algum modo, o dono de casa que fala "de cima"; mas aqui [com Bento XVI] tudo tende para o alto, partindo de baixo, da sua debilidade, velhice e inadequação. A mensagem que percebo, quando observo aquela primeira saudação do papa Ratzinger é a seguinte: "Do alto, caiu em cima de mim este golpe de guilhotina, esta é evidentemente a tua vontade, Senhor, seja feita a tua vontade, entrego--me a ti que quiseste chamar-me: sou um instrumento inadequado e insuficiente, agora estás obrigado a dar-me a força porque tenho pouca, mas eis que te dou toda a que tenho, toma-a!". Na minha opinião, aquele gesto das mãos levantadas para o alto quer dizer precisamente isto: "Prometi ao Senhor, tanto quanto podia: 'Quereria estar sempre contigo' e pedi: 'Mas está, Tu, sobretudo comigo!'". Foi um humilde e simples menino de nove anos que assim falou diante do mundo, na tarde de 19 de abril de 2005.

8
Sobre Bento, o pescador: discrição e paciência

A humildade acompanha todas as grandes alegrias da vida com a precisão de um relógio.

GILBERT K. CHESTERTON

Este breve parêntese sobre os predecessores de Bento XVI evidenciou alguns temas (a devoção a Maria, o sentido do humor e ser simples como uma criança) que serão imediatamente desenvolvidos, mas a alusão à figura de João Paulo II exige uma ulterior reflexão sobre a figura do Papa, tal como foi encarnada por estas duas grandes personalidades, complementares uma da outra (não foi por acaso que trabalharam em *team*, durante quase 24 anos, com uma extraordinária "simbiose").

No dia oito de abril de 2005, o ainda não pontífice Joseph Ratzinger celebrou os funerais de João Paulo II e afirmou na homilia: "O amor de Cristo foi a força dominante no nosso amado Santo Padre; sabe-o quem o viu orar, quem o ouviu orar. E, assim, graças a esta profunda radicação em Cristo, ele pôde carregar um peso que ultrapassa as forças humanas: ser pastor do rebanho de Cristo, da sua Igreja universal." Somente 16 dias depois, na missa de início de pontificado, a imagem que usou para descrever o *munus petrinum,* a tarefa de Pedro, pescador de Cafarnaum, e dos seus sucessores, é precisamente o de pescador:

> Nós, homens, vivemos alienados nas águas salgadas do sofrimento e da morte; num mar de escuridão sem luz. A rede do Evangelho tira-nos para fora das águas da morte e leva-nos ao esplendor da luz de Deus, à verdadeira vida. É precisamente assim: na missão de pescador de homens, no seguimento de Cristo, é necessário levar os homens para fora do mar salgado de todas as alienações, em direção à terra da vida. Em direção à luz de Deus. É precisamente assim: nós existimos para mostrar Deus aos homens. E só onde se vê Deus, é que começa verdadeiramente a vida. Só quando encontramos em Cristo o Deus vivo, é que nós conhecemos o que é a vida. Não somos o produto casual e sem sentido da evolução. Cada um de nós é o fruto de um pensamento de Deus. Cada um de nós é querido, é amado; cada um é necessário. Não há nada de mais belo do que ser-se apanhado, surpreendido pelo Evangelho, por Cristo. Não há nada mais belo do que conhecê-lo e comunicar aos outros a amizade com Ele. Frequentemente, a missão do pastor, do pescador de homens, pode parecer cansativa. Mas é bela e grande porque, em suma, é um serviço à alegria, à alegria de Deus que quer fazer a sua entrada no mundo.

Estas palavras de 24 de abril de 2005 são um "condensado", quase um manifesto do pontificado iniciado havia apenas cinco dias. Em todos estes anos, Bento XVI tem-se movido ao longo das "diretrizes" indicadas naquela sua primeira homilia: a luta da luz de Deus contra a escuridão da alienação do homem fechado na ilusão da autossuficiência; a fé como o sentir-se amado, pensado por um Deus que não é um acaso anônimo, mas um pai amoroso; a vida como aventura que começa com o encontro surpreendente com o Cristo do Evangelho (que é o verdadeiro, o histórico, independentemente de quaisquer reconstruções, pura e abstratamente, científico-exegéticas); o sentido de gratidão por esta tarefa sobre-humana, que supera o homem, de sermos colaboradores e servidores da alegria.

Para começar a dizer tudo isto, naquela homilia de 24 de abril, Bento XVI apoiou-se na imagem do pescador e da rede, e assim fará também a 15 de maio para a festa de Pentecostes, e no dia 25 de novembro, ainda de 2005, por ocasião da inauguração do ano acadêmico da Universidade Católica do Sacro Cuore quando, ao concluir a sua saudação, definiu como "aventura entusiasmante" o trabalho diário de uma universidade católica:

> Quem se movimenta no interior deste horizonte de sentido, descobre a unidade intrínseca que liga os diversos ramos do saber: desde a teologia, a filosofia, a medicina, a economia e cada uma das disciplinas até às tecnologias mais especializadas, porque tudo está ligado. [...] Portanto, queridos amigos, com renovada

— Sobre Bento, o pescador: discrição e paciência —

paixão pela verdade e pelo homem, lançai as redes ao largo, no alto-mar do saber, confiando na palavra de Cristo, mesmo quando experimentais a fadiga e a desilusão de não terdes "pescado" nada. No vasto mar da cultura, Cristo tem sempre necessidade de "pescadores de homens", isto é, de pessoas de consciência e bem preparadas que ponham as suas competências profissionais ao serviço do Reino de Deus.

A Igreja, "rede de Deus", enfrenta o desafio de confrontar-se no mar aberto da "rede dos saberes". É um tema muito ouvido do Pontífice-professor. Todos estes sinais de predileção pela imagem do pescador e da rede, levaram-me, em janeiro de 2006, a publicar um artigo em *Il Foglio* (em que, entretanto, a convite do diretor Giuliano Ferrara, me ocupava também de "coisas vaticanas"), em que eu arriscava a hipótese de que, se João Paulo II era essencialmente um "pastor", Bento XVI era sobretudo um "pescador". De fato, tinha-me impressionado uma definição de São Tomás de Aquino que, no seu comentário ao Evangelho de João, precisamente no exame do trecho da pesca miraculosa e do chamamento a Pedro, afirma que "a rede com a qual se arrastam os peixes é a doutrina da fé, com a qual Deus arrasta, inspirando interiormente e os apóstolos exortando".[1] Para o recém-eleito pontífice, até alguns dias antes Prefeito da Congregação para a Doutrina da Fé, a coisa não era totalmente indiferente. Esta doutrina, que é rede e não

---

[1] Tomás de Aquino, *Commento al Vangelo di san Giovanni / 3,* Città Nuova, Roma 1992, p. 418.

jaula, não é nada de pesado e de "exterior", mas antes uma "inspiração interior": é esta amplitude e leveza da rede que me impressiona e me convence, quando a aplico à figura de Joseph Ratzinger que, na homilia de 8 de dezembro de 2005, sublinhou que "a vontade de Deus não é para o homem uma lei imposta do exterior que o obriga, mas a medida intrínseca da sua natureza, uma medida que está inscrita nele e o torna imagem de Deus e, por isso, criatura livre".

Amplitude e leveza, mas não "volatilidade" ou impalpabilidade, porque a rede é também a própria Igreja, como se deduz do gesto de Pedro que "trouxe a rede para terra". A Pedro, o pescador, é confiada a rede-Igreja e não foi por acaso que, no mesmo trecho, se ordenou ao pescador de Cafarnaum que apascentasse as ovelhas, tarefa que, segundo o Aquinate, estava prefigurada naquele gesto: "De fato, foi ele quem levou os peixes para a solidez da praia, mostrando aos fiéis a estabilidade da pátria eterna".[2]

É proposto a um pescador que pesque homens e se transforme em pastor, um estranho pedido. O Papa é o resultado desta estranha combinação de metade pastor e metade pescador, as duas metades fundidas numa só "para mostrar Deus aos homens". Este discurso vale para cada um dos sucessores de Pedro; contudo, talvez precisamente por causa deste duplo aspeto, eu escrevia no meu artigo de janeiro de 2006 que é possível

---

[2] *Ibidem,* p. 420.

sublinhar uma gradação de descontinuidade entre o Pontífice alemão e o polaco. João Paulo II era antes de tudo, um "pastor". No Antigo Testamento, abundam os pastores; mas, depois, deixam espaço aos pescadores do Evangelho. Como uma figura da antiga aliança, como Moisés, também Wojtyla era um homem a caminho, com o bastão sempre ao alto e apertado na sua mão vigorosa, enquanto teve força, isto é, até o fim. Com um vigor destemido, ele gastou-se pondo-se à cabeça do rebanho, caminhando frequentemente contra a corrente, abatendo muros físicos e espirituais. No final do seu longo reinado, condenou a construção dos muros, sublinhando a importância, vital para os homens e para a sociedade, de construir pontes: é isto que significa ser "pontí-fice".

Bento XVI é, antes de tudo, "pescador". No sulco traçado por Wojtyla, ele inseriu-se com o seu estilo mais paciente, raciocinador e sutil, típico do pescador. Muitos sinais, não só do ponto de vista físico (o perfil, a voz), manifestam esta "sutileza" do pontificado de Ratzinger em comparação com o wojtyliano, sutileza que, porém, não é imobilismo ou silêncio, mas uma atitude que acaba por fazer muito "barulho", exatamente como fazem todos ao valentes pescadores segundo o que escrevia Kierkegaard no seu *Diário:* "Assim como o pescador, quando lançou a rede, faz barulho na água para apanhar o maior número de peixes no seu caminho, assim também Deus, que quer ser amado desce com a inquietação à caça do homem".[3] Bento XVI é um Papa

---

[3] Søren KIERKEGAARD, *Diario,* Bur, Milão 2000.

que sutilmente inquieta; talvez por isso os *mass media* não saibam muito bem como falar dele. Porque se trata de uma figura paradoxal: não somente sutil e discreto, mas também "barulhento" e embaraçoso. Aparentemente mais manso do que João Paulo II, mas na realidade muito insidioso, porque se o pastor se prepara para proteger as ovelhas, impedindo-as de cair nas armadilhas, o pescador é alguém que constrói as armadilhas, tece a sua rede que é invisível, mas justamente por isso mais eficaz. Comparado com o rochoso Papa polaco, este pequeno homem bávaro parece confirmar a distinção que Chesterton fazia, citando o reverendo Knox: "A Igreja católica deve caminhar em frente com as coisas boas e as coisas más. Quer dizer, com as boas maneiras do pescador ou as más do pastor: o pescador deve tomar o convertido e o pastor deve mantê-lo".[4]

A rede que Bento XVI lança ao mar agitado do mundo ocidental contemporâneo é sutil, totalmente invisível, discreta, e é precisamente nisto que está a sua força. A discrição é outro nome da humildade. A discrição é um sinal claro do estilo de Deus e também do seu Vigário atual.

Aqui, socorro-me de uma bela página do ensaio *L'umiltà di Dio* de François Varillon, que Joseph Ratzinger poderia subscrever, desconfiado como é de tudo o que é "espetacularidade", "ativismo" e também da dimensão do "fazer":

---

[4]   Gilbert K. Chesterton, *La Chiesa cattolica,* Lindau, Turim 2010, p. 102.

— Sobre Bento, o pescador: discrição e paciência —

O amor não pode não querer que aquele que cria se crie a si mesmo – escreve o jesuíta francês – é um contágio fulminante de existência. Desconfio da palavra "fazer", não posso pronunciá-la sem pensar em "fabricar" ou "produzir". Prefiro dizer que Deus, ao criar, não "faz" nada, mas que existe "contagiosamente". São assim os verdadeiros educadores. [...] É preciso muita humildade. Deus não é um astro que se rodeia de satélites; [...] por isso, não se oferece em espetáculo à criação; e nem a natureza nem o homem são um espetáculo para Ele. Não existe espetáculo, sem um certo orgulho. Portanto, deve falar-se preferencialmente de humildade criadora: Deus retrai-se, retira-se, renunciando a ser tudo. Esta renúncia é o seu próprio ser, não é de maneira nenhuma um episódio. É a sua omnipresença em ato, não de exibição, mas de retração, de escondimento. Exibir-se seria uma confissão de poder defeituoso. Retrair-se é, pelo contrário, poder supremo. Por isso, não direi que Deus limita o seu poder para que surjam outras liberdades além da sua. Prefiro dizer que, em vez disso, exerce-a com excesso.[5]

Aqui, Varillon retoma a doutrina hebraica do *zimzum* criador de Deus, aquela "contração" que Deus opera para arranjar espaço e hospedar no seu seio (na sua enseada) todo o universo,[6] expressa eficazmente pelo

---

[5] François VARILLON, *L'umiltà di Dio,* Qiqajon, Magnano 1999, pp. 116ss.

[6] Como observou o arcebispo Bruno Forte, numa conferência na Universidade Gregoriana, no dia 4 de novembro de 2004, sobre o tema *Per una teologia cristiana del ebraismo*: "É o cabalista Isaac Luria quem, na segunda metade do séc. XVI, põe no centro do seu ensino a imagem da 'contração' divina: ele pensa o ato criador como uma ação em que

verso de Hölderlin: "Deus criou o mundo como o mar criou os continentes; retirando-se". Vem à mente outra poesia, de Jan Twardowski, poeta-sacerdote polaco que escreveu na lírica *O Mundo:*

> Deus escondeu-se para que o mundo se visse
> se se mostrasse seria só Ele
> na sua presença ninguém ousaria notar a formiga
> a bela irascível vespa afadigada a rodar a rodar
> o pato verde com as patas amarelas
> o galeirão que põe quatro ovos em cruz
> os olhos globosos da libélula e os feijões nas vagens
> a nossa mãe à mesa que ainda ontem
> segurava a chávena pela cômica asa em orelha
> o abeto que não perde as pinhas mas as escamas
> o sofrimento e o prazer ambos fontes de saber
> os mistérios nunca pequenos mas sempre diferentes
> as pedras que mostram a direção aos viandantes
> o amor invisível
> não se mostra na tela.[7]

Deus 'arranja espaço' em si próprio para a criatura que, de outro modo, não poderia existir. Se não fosse no seio de Deus – contraindo-se para hospedar o mundo, analogamente a uma mãe que acolhe uma nova vida no seu seio –, onde haveria de poder morar o universo? *Zimzum* é, portanto, o ato divino de contrair-se, do imenso fazer-se pequeno consentindo que, assim, a criatura exista diante de si na liberdade: por isso, o *zimzum* do eterno é o outro nome do seu Amor aos homens, expressão daquela misericórdia que o hebraico traduz significativamente pela ideia de 'vísceras maternas' (*rachamim*) e que também é respeito e humildade do Criador diante da Criatura"; publicado no sítio: http://www.sidic.org/fr/conferenzaView.asp?id=10.

[7] Jan Twardowski, *Affrettiamoci ad amare,* Marietti, Gênova 2009. p. 87.

— Sobre Bento, o pescador: discrição e paciência —

Talvez Bento XVI conheça o verso de Hölderlin e não a poesia de Twardowski, mas trata-se de um pormenor supérfluo: quando, na sua primeira homilia pública, proclama que "é precisamente assim: nós existimos para mostrar Deus aos homens", mostra que percebeu e viveu profundamente esta verdade da humildade e do escondimento de Deus. De fato, na minha modesta opinião, a página de Varillon diz muito do estilo discreto do homem Joseph-Bento: a sua antiespetacularidade, a fuga a qualquer risco de exibicionismo e até ficar em transe diante das multidões a que, ao contrário, o seu predecessor estava tão habituado. Bento é um homem discreto que conhece o paradoxo da humilde e altíssima tarefa da Igreja que "não é fim em si mesma, mas existe para que Deus possa ser visto".[8]

Neste sentido, a homilia de 15 de maio de 2005 para o Pentecostes é um texto muito interessante mesmo do ponto de vista eclesiológico. O Papa define a descida do Espírito Santo como "uma imagem discreta", mas que "precisamente assim faz perceber toda a grandeza do evento do Pentecostes". A saudação da paz que Cristo dirige "é uma ponte que Ele lança entre o céu e a terra. Por esta ponte Ele desce até nós e nós podemos subir até

---

[8] Joseph RATZINGER, *Il sale della terra,* San Paolo, Cinisello Balsamo 1997, p. 74. Vem-nos à mente um teólogo jesuíta francês, distante de Ratzinger por muitos aspetos, Michael De Certeau, que, porém, centrou a sua reflexão na discrição de Deus que encarna em Jesus Cristo que passou pela história dos homens e se foi embora para que a sua Igreja pudesse viver permanecendo no mundo a recordar a passagem de um Ausente.

Ele. Através desta ponte, sempre juntamente com Ele, também nós devemos chegar até o próximo, até quem precisa de nós": é esta a rede de Deus, que o Senhor segura firmemente, mas, depois, confia às mãos do homem. Bento XVI comparou este "leve sopro de Jesus, na tarde de Páscoa", a uma "forte rajada de vento" do dia de Pentecostes, tal com é contado pelos *Atos dos Apóstolos:* é a diferença entre ele e o seu predecessor. Segundo o Papa, é a mesma diferença que existe "entre os dois episódios, acontecidos no Sinai, de que nos fala o Antigo Testamento. De um lado, há o relato do fogo, do trovão e do vento que precedem a promulgação dos Dez Mandamentos e a conclusão da aliança (Ex 19ss); do outro, o misterioso relato de Elias, no Horeb". Esta última passagem é uma das mais célebres da Escritura e o Papa deteve-se longamente nela, para explicar a missão aos sacerdotes acabados de ordenar, uma missão que os "inserirá na grande fileira daqueles que, desde o Pentecostes, receberam a missão apostólica. Vós estais inseridos na comunhão do presbitério, na comunhão com o bispo e com o sucessor de São Pedro que, aqui em Roma, é também o vosso bispo. Todos nós estamos inseridos na rede da obediência à palavra de Cristo, à palavra daquele que dá a verdadeira liberdade, porque nos conduz aos espaços livres e aos amplos horizontes da verdade", tudo isto deve ser feito com a voz suave, com o sopro leve do Espírito de que fala a Escritura. Quem ainda se obstina com a imagem de Ratzinger como Papa-*panzer* alemão deveria lembrar-se desta homilia de maio

— Sobre Bento, o pescador: discrição e paciência —

de 2005, em que ele convidou os sacerdotes a viverem a sua missão, seguindo o exemplo do Servo de YHWH, profecia do Messias, de que fala o profeta Isaías, um Messias que "não gritará nem elevará o tom, não fará ouvir na praça a sua voz". Este é o modelo que, segundo Bento XVI, os sacerdotes devem seguir:

> Porventura, não aparecerá assim a humilde figura de Jesus como a verdadeira revelação na qual Deus se manifesta a nós e nos fala? [...] No Horeb, Elias tem de aprender que Deus não está no vento nem no tremor de terra nem no fogo; Elias tem de aprender a perceber a voz suave de Deus e, assim, a reconhecer antecipadamente aquele que venceu o pecado não com a força, mas com a sua Paixão; aquele que, com o seu sofrimento, nos deu o poder do perdão. É deste modo que Deus vence.

Hoje, o mundo parece ainda mais surpreendido por este Papa, pelo seu raciocínio manso e penetrante. Que é rico de espiritualidade, mas não tem nada de espiritualista. De fato, ainda na homilia de Pentecostes, faz-nos ver que "o Espírito Santo é vento, mas não é amorfo. É um Espírito ordenado. E manifesta-se justamente ordenando a missão, no sacramento do sacerdócio, com que continua o ministério dos apóstolos". Eis a Igreja segundo Ratzinger: uma rede de obediência à palavra de Cristo. No fundo, a sua batalha é a mesma de João Paulo II, a batalha pela liberdade; mas, depois da passagem poderosa do pastor polaco que derrubou os muros e arroteou o terreno, agora, chega o momento de alçar

101

as redes, de lançar os anzóis, um a um, com cuidado e perseverança, "com a precisão de um relógio".[9] Na conferência de agosto de 1990, no *meeting* dos povos, intitulada *Una compagnia sempre riformanda,* afirmava o então cardeal que "a fé consiste, de fato, não só em reconhecer mas em operar, não somente uma fratura no muro, mas uma mão que salva, que puxa para fora da caverna".[10]

Aqui, a humildade assume outro nome, não só discrição (embora se trate precisamente de saber "discernir", palavra de que deriva etimologicamente o adjetivo "discreto"), mas também "paciência", a paciência do pescador que é a de quem estende a mão e salva, um a um, todos os homens, todos os tipos de peixe que passam através da rede, uma rede que "não existe com o objetivo de manter-nos ocupados como uma qualquer associação intramundana e de conservar-se a si mesma; mas, ao invés, existe para tornar-se em nós todos um acesso à vida eterna".

Esta paciência pode parecer imobilismo, o oposto do "ter que fazer" (de fato, Bento XVI criticou muitas vezes o risco do ativismo dentro da Igreja, quando, ao contrário, o padre não é alguém que essencialmente "faz" alguma coisa, mas segundo o estilo de Deus, "existe

---

[9] Gilbert K. Chesterton, *L'imputato. In difesa di ciò che c'è di bello nel brutto del mondo,* Lindau, Turim 2011, p. 102.

[10] O texto da conferência *Una compagnia sempre riformanda* pode ser encontrado no sítio da internet dos "Amici di Ratzinger": http://www.ratzinger.us/modules.php?name=News&file=article&sid=82.

Sobre Bento, o pescador: discrição e paciência

contagiosamente", usando as palavras de Varillon), uma atitude que se fundamenta na confiança de que é um Outro quem realmente opera na história dos homens. "Por nós – afirma em 1996 –, não podemos fazer a Igreja; mas podemos realizar a nossa tarefa, embora não dependa somente da nossa vontade que as coisas corram bem ou mal".[11] Anos depois, ainda respondendo a Peter Seewald, já como Papa, Bento XVI recorda a advertência de São Bernardo ao papa Eugênio III para que não acabe "sobrecarregado com as coisas que tem de fazer, cujo número só poderá aumentar", uma condição que conduz ao endurecimento do coração:

> Não mergulhar no ativismo significa preservar a *consideratio,* a sagacidade, a perspicácia, a contemplação, o momento interior da reflexão, da observação e do enfrentamento das coisas, com Deus e sob Deus. Significa que não se deve pensar em trabalhar ininterruptamente, coisa em si mesma importante para qualquer pessoa e também para um *manager* e, ainda mais, para um Papa. Mas ele deve fazer com que os outros se ocupem de muitas outras coisas, de modo a manter uma visão mais profunda, um recolhimento interior que, depois, permita reconhecer o essencial".[12]

---

[11] CHESTERTON, *L'imputato* cit, p. 85.

[12] BENTO XVI, *Luce del mondo. Un colloquio con Peter Seewald,* LEV, Cidade do Vaticano 2010, p. 108 [Ed. bras.: *Luz do mundo,* São Paulo, Paulinas 2011]. A estas palavras corresponde também uma série de comportamentos do atual pontífice, que lhe valeram a acusação de imobilismo e inatividade, que "descentrou" muito os seus poderes e as

Se isto vale para um Papa, ainda mais valerá para um sacerdote. Ao falar aos seminaristas, na véspera do dia 10 de junho de 2010, no termo do Ano Sacerdotal, o Pontífice quis sublinhar quanto para ele é

> importante que os fiéis possam ver que este sacerdote não tem apenas um *jó,* horas de trabalho, e que, depois, está livre e vive só para si próprio; mas que é um homem apaixonado por Cristo, que tem em si o fogo do amor de Cristo. Se os fiéis virem que está cheio da alegria do Senhor, também compreenderão que ele não possa fazer tudo, aceitarão os limites do pároco e ajudá-lo-ão. Parece-me ser este o ponto mais importante: que se possa ver e sentir que o pároco se sente realmente um chamado do Senhor e está cheio de amor pelo Senhor e pelos seus. Se assim for, compreende-se e também se pode ver a impossibilidade de fazer tudo. Por isso, a primeira condição é estarmos cheio da alegria do Evangelho com todo o nosso ser.

O ativismo não é fruto nem sinal da alegria. Voltaremos depois à alegria; mas detenhamo-nos ainda um momento neste aspeto da prudência relativamente a uma visão "ativista" do sacerdócio e de ser católico, própria deste Papa.

---

suas atividades, sobretudo relativamente ao seu predecessor. O exemplo mais macroscópico é o da celebração do rito da beatificação que foi delegado ao prefeito da Congregação para a Causas dos Santos, enquanto se reserva ao Papa somente a celebração do rito da canonização (por isso, sobressai ainda mais a opção de celebrar, pessoalmente, a missa da beatificação do cardeal J. H. Newman, em setembro de 2010, durante a sua viagem à Inglaterra).

Sobre Bento, o pescador: discrição e paciência

Ao contar a sua caminhada de passagem para o catolicismo, o escritor inglês Chesterton sublinha a aparente não atividade dos sacerdotes católicos que parecem abandonar o "pobre" escritor na via atormentada da conversão e intui confusamente a sua sabedoria: "Talvez o aparente ócio do padre se assemelhe um pouco à imobilidade estatuária do pescador; por outro lado, essa atitude não é inatural nas funções de um pescador de homens".[13]

A paciência do pescador, referida a Bento XVI, faz-me lembrar o romance *O velho e o mar* de Ernest Hemingway. Neste caso, a paciência com que Santiago, o velho pescador, prepara as suas redes para apanhar o grande peixe-espada colora-se de negro com o sabor amargo da derrota e do fracasso. A humilhação com que se conclui o romance mancha todo o evento com um pessimismo sombrio apenas mitigado com o sonho final do protagonista. Mas a história de Bento XVI não é a de Santiago; e não porque conheça apenas sucessos e nenhum fracasso, mas porque, como Elias, sabe ouvir a "voz suave de Deus" e "reconhecer antecipadamente aquele que venceu o pecado não com a força mas com a sua Paixão; aquele que, com a sua partida, nos deu o poder do perdão. É este o modo com que Deus vence". Como observa Varillon:

> Péguy não tinha errado, quando pensou "que há sempre algo de impuro neste êxito, uma vulgaridade

---

[13] CHESTERTON, *La Chiesa cattolica* cit., p. 51.

na vitória... uma impureza residual na sorte... e que, de totalmente puro... de totalmente grande, só existe a derrota". Os grandes humildes não são legião. Ao cumprir o seu dever sem se preocuparem com a glória, são muito frequentemente vítimas da injustiça dos seus contemporâneos e a história tarda a vingá-los".[14]

Hemingway, Péguy: encontramo-nos no mar alto da grande literatura; neste ponto, permito-me também eu citar a frase de um terceiro escritor, de quem me lembro sempre quando penso em Joseph Ratzinger e na humilde paciência do seu trabalho diário como pescador-pastor universal da Igreja católica:

> Exigimos tarefas mais elevadas porque não somos capazes de reconhecer a elevação daquelas que já nos confiaram. Procurar ser educados e honestos parece um afazer demasiado simples e sem ressonância para homens do nosso perfil heroico; preferiríamos lançar-nos em algo audacioso, difícil e decisivo: preferiríamos descobrir um cisma ou reprimir uma heresia, cortar uma das nossas mãos ou mortificar um desejo. Mas o dever que está diante de nós, isto é, o de suportar a nossa existência, exige uma finura microscópica e é necessário o heroísmo da paciência. O nó górdio da vida não pode ser desatado com um corte: cada emaranhamento deve ser desatado sorrindo.[15]

---

[14] Varillon, *L'umiltà di Dio* cit., pp. 78ss.
[15] Robert Louis Stevenson, *Sermone di Natale,* in "Adelphiana", 23 de dezembro de 2004, que pode ser consultado em pdf no sítio: http://www.adelphiana.it/pdf/Stevenson.pdf.

— Sobre Bento, o pescador: discrição e paciência —

Este texto é de Robert Louis Stevenson, no seu *Sermão de Natal,* enquanto a frase que se segue é de Joseph Ratzinger que assim respondia a Peter Seewald sobre o seu trabalho de "servidor da verdade", na qualidade de Prefeito da Congregação para a Doutrina da Fé: "Servir a verdade é uma palavra enorme; trata-se da 'vontade de fundo', presente neste trabalho que, no entanto, dia a dia se vai traduzindo em muitas coisas, pequenas e muito simples. A vontade de fundo, o serviço à verdade, continua a ser a base de tudo; mas, no concreto, devo despachar a correspondência, ler as atas, participar em colóquios e assim por diante".[16] O grande romancista escocês e o Pontífice alemão falam a mesma língua. Além disso, Ratzinger continua (e esta parte também agradaria ao autor de *O velho e o mar*):

> O preço que tive de pagar foi o de não poder fazer o que tinha imaginado, isto é, entrar diretamente no grande diálogo cultural do nosso tempo, poder desenvolver uma obra pessoal, minha. Tive de, precisamente, descer até aos pequenos e múltiplos aspetos dos conflitos e dos eventos de cada momento. Tive de deixar de lado grande parte do que me teria interessado, identificando-me profundamente com o serviço que me era pedido.[17]

O estilo de Joseph-Bento mergulha as suas raízes na humildade e "a humildade cristã é uma característica

---

[16] Ratzinger, *Il sale della terra* cit., pp. 134ss.
[17] *Ibidem*, p. 135.

107

de estilo que se aprende na escola de Deus", como observou um teólogo exigente e sutil como Pierangelo Sequeri:

> ela liberta do delírio de omnipotência [porque] um cristianismo obcecado com o seu êxito e repleto de certificadores do Espírito não caminha para o mesmo lado. Hoje, a firmeza e a delicadeza da humildade cristã podem concorrer persuasivamente para uma missão crucial a favor do nosso futuro imediato: descongestionar a sugestiva pressão que a nova religião da autocriação do humano exerce nos indivíduos e na coletividade.[18]

O sorriso de que fala Stevenson, com que o Papa-pescador se inclina para os pequenos nós cotidianos com uma paciente confiança para tentar desatá-los não é um reflexo automático de melancólica resignação, como para Hemingway, porque "a humildade cristã que preserva a fé da presunção e da arrogância, também resgata o pensamento da vida do aviltamento e da mortificação da resignação, pura e simples, à incredulidade".[19] Mas não só, porque esta virtude (que, segundo Sequeri, "guarda a qualidade da fé na sua verdade") é, como veremos mais adiante, verdadeiramente um sinal do poder divino porque o Deus cristão veio morar "no meio" dos homens, escolheu a via da "mediedade" pela qual, como observa o jesuíta Erich Przywara, "o extraordinário poder do Criador desaparece silenciosamente dentro das leis e do

---

[18] Patrizio Rota Scalabrini et al. *L'umiltà cristiana*, Glossa, Milão 2003, p. 6.
[19] *Ibidem*, p. 5.

curso de um mundo ordinário" e, por isso, "a humildade divina toma esta 'mediedade' como seu paradigma e esquema de comportamento: a 'mediedade humana' pode revelar o milagre inaudito da graça divina".[20]

---

[20] Erich PRZYWARA, *Umiltà, pazienza e amore. Meditazioni teologiche*, Queriniana, Bréscia 1968, p. 18.

9
Sobre a humildade e a leveza dos dogmas

> Na realidade, os dogmas protegem-nos dos nossos sonhos mais perigosos, os sonhos religiosos.
>
> FRANÇOIS VARILLON

Já enfrentamos o tema da humildade como renúncia; agora, urge, pelo contrário, sublinhar a "finura microscópica" e "o heroísmo da paciência", dotes essenciais do pescador que tece as suas redes. O papa Ratzinger parece possuir aquela mansa paciência e a inteligência que sabe discernir os problemas (todos, mesmo os seus interlocutores mais polêmicos, reconhecem-lhe a grande nitidez e o rigor com que os seus raciocínios distinguem e resolvem as questões) e desatar os nós intrincados sempre com um sorriso autêntico nos lábios. O trabalho do pescador é noturno e exige "a imobilidade estatuária" – de que fala Chesterton – juntamente com a virtude paradoxal da paciência que, segundo Leopardi, é a virtude mais heroica, precisamente porque não tem nada de heroico, um trabalho feito de escondimento e clarividência, uma

Sobre a humildade e a leveza dos dogmas

canseira produzida por aquela tecelagem minuciosa e paciente da rede que dá os frutos na aurora, mas que são frutos nunca garantidos, nunca seguros, como os vários episódios do Evangelho o demonstram. Já nas parábolas de Jesus, a rede é usada como metáfora: "O Reino do Céu é ainda semelhante a uma rede que, lançada ao mar, apanha toda a espécie de peixes",[1] uma metáfora que, com "saber antigo", permite uma reflexão eficaz sobre a situação atual da Igreja. Como a rede física do pescador e também como a rede virtual da *web* (nenhum pontífice dedicou às novas tecnologias, relativas à comunicação, mais tempo, atenção, atividade e também produção textual do que Bento XVI), a Igreja católica, o menor Estado com a população mais numerosa do mundo, desce eficazmente aos interstícios da sociedade e é, simultaneamente, invisível e resistente: não se nota, mas existe, em contraluz só se podem perceber os pontos de junção, os nós que a mantêm unida. São os dogmas que, ao longo do tempo, permanecem como os pontos firmes diante de cada vaga da história. Quanto ao resto, a rede é tudo o que de mais nobre, dúctil e "maleável" (segundo a expressão de von Balthasar) poderá existir e talvez seja por isso que resiste a todas as marés.

Frequentemente, os asnos tropeçam nesta palavra, "dogma". Não há nada a fazer: existe ainda uma grande desconfiança acerca dos dogmas e, por isso, quase por arrastamento, acerca deste Papa, até há poucos anos o

---

[1] Mt 13,47.

Prefeito que fora nomeado guarda dos dogmas. Aqui, não é oportuno abrir um parêntese (inevitavelmente longo) sobre o que são os dogmas e sobre a sua história, dentro e fora da Igreja católica; mas, pelo contrário, talvez convenha citar dois trechos que, ao defender os dogmas, esclareçem de algum modo o pontificado atual. O primeiro trecho é do já citado jesuíta francês François Varillon que capta a humildade intrínseca dos dogmas:

> Não é porque a desconfiança em relação aos dogmas não deixa de crescer que devo abster-me de falar da sua necessidade. [...] Na realidade, os dogmas protegem-nos dos nossos sonhos mais perigosos, os sonhos religiosos. Os sonhos que julgamos puros porque Deus é o seu objeto. [...] O Deus da pura subjetividade não pode ser senão uma projeção pecadora de si mesmos. Por isso, a afirmação dogmática interrompe o processo mortal. Com a sua própria racionalidade, ela orienta-se para o espírito de infância, impedindo que o eu proprietário viole o mistério objetivo. Barra-lhe o ingresso. [...] Se na Igreja existem os dogmas, é para que ninguém se engane sobre o que é o amor. Eles expõem-se à acusação de ideologia: na realidade, têm por efeito impedir que o amor seja transformado em ideologia. Têm um andamento triunfal porque, na realidade, estão ao serviço da modéstia da teologia negativa. É paradoxal que se apresentem sob a forma de afirmação, já que a sua formação é pôr limites à subjetividade sem rédeas para impedi-la de fazer afirmações tendo por base a sua impetuosidade. Mas este paradoxo é necessário, porque meras negações

formais não orientariam para a riqueza do Inefável; e o mistério reduzir-se-ia a um enigma. Ou seja, a dissolução da própria Realidade.[2]

Tomai estas palavras e transferi-as dos dogmas para a pessoa e para a obra de Bento XVI e, então, o mistério deste homem ilumina-se (esconjurando o risco de reduzir-se a enigma). Frequentemente, este homem é acusado de avançar em andamento triunfal; mas, na realidade, está somente ao serviço da verdade e da alegria, por ele unidas na fé em Cristo.

O segundo trecho é de um escritor inglês que já entrevimos e nos fará companhia nesta última parte do presente trabalho: o romancista, humorista e apologeta Gilbert Keith Chesterton que, no seu ensaio de 1925 *O homem eterno,* afirma:

> Nunca acabarão os aborrecidos debates sobre a teologia liberalizante, enquanto as pessoas não se persuadirem de que na teologia só a parte liberal é dogmática. O dogma é incredível porque é incrivelmente liberal. E é irracional, somente enquanto nos dá mais segurança de liberdade que a que seria justificada pela razão; [...] o poder iliberal é a divindade dos racionalistas e o poder liberal é a divindade dos dogmatistas. [...] O Deus desconhecido do cientista com as suas impenetráveis intenções e a sua lei inevitável e inalterável, faz-nos lembrar o autocrata prussiano que, debaixo da tenda remota, com os seus planos

---

[2] François VARILLON, *L'umiltà di Dio,* Qiqajon, Magnano 1999, pp. 50ss.

rigorosos, põe em movimento a humanidade como uma máquina. E, vice-versa, o Deus dos milagres e das orações faz-nos pensar num príncipe liberal e popular, que recebe as petições, ouve os Parlamentos e examina os casos de um povo inteiro [...] e, neste sentido, de uma espécie de direito de petição ao presidente, podemos verdadeiramente dizer que toda a comunhão dos santos, como toda a Igreja militante, se finda no sufrágio universal. [...] O que, na realidade, o adversário do dogma quer dizer, não é que o dogma seja mau, mas antes que o dogma é demasiado belo para ser verdadeiro. O dogma dá ao homem demasiada liberdade, quando lhe permite cair. O dogma dá demasiada liberdade também a Deus quando lhe permite morrer. Nós dizemos, não como modo de dizer, mas literalmente, que foi a verdade que nos fez livres. Eles dizem que, se nos faz tão livres, não pode ser a verdade.[3]

À luz de tudo o que foi dito, podemos avançar afirmando que o Papa-professor Joseph Ratzinger poderia tranquilamente assinar tudo quanto Varillon escreve:

A Igreja não honra o seu Deus com o título de professor supremo que "tematizaria" o seu próprio ser em enunciados logicamente articulados para a satisfação do espírito. Não impõe autoritariamente, de modo totalmente intrínseco, teoremas de que se orgulharia por tê-los demonstrado e cujo conhecimento

---

[3] Gilbert K. CHESTERTON, *L'uomo eterno,* Rubbettino, Soveria Mannelli 2008, pp. 298ss.

pretenderia ser necessário à salvação. Ela vigia simplesmente para que a luz de Cristo de que ela é o sacramento, seja corretamente recebida, em todos os tempos e em todos os lugares.[4]

É o próprio pontífice-professor que, quando publica o seu primeiro volume como Papa sobre Jesus de Nazaré, o apresenta deste modo: "Não preciso dizer expressamente que este livro não é, de modo nenhum, um ato magisterial, mas é unicamente expressão da minha busca pessoal do 'rosto do Senhor' (cf. Sl 27,8). Por isso, todos têm a liberdade de contradizer-me. Só peço às leitoras e aos leitores aquela antecipação de simpatia sem a qual não há nenhuma compreensão".[5]

---

[4] VARILLON, *L'umiltà di Dio* cit., p. 52. O texto prossegue afirmando: "Esta preocupação leva-a a formular, sobre este ou aquele aspeto do Mistério, neste ou naquele momento da história, a sua experiência, para que não se perverta a relação dos seus filhos com o Deus vivo. Estas formulações, que estão no termo de uma reflexão longa e laboriosa, inauguram, por sua vez, uma nova reflexão. São muito mais pontos de partida do que pontos de chegada. Tornam possível o reconhecimento mútuo de todos os irmãos de Jesus Cristo na mesma adoração. Na ausência de uma linguagem comum reina a anarquia, geradora de divisões".

[5] BENTO XVI, *Gesù di Nazaret,* LEV-Rcs, Milão 2007, p. 20. O humilde (e bem-humorado) distanciamento em relação aos seus livros foi recentemente confirmado pelo próprio Papa quando, no dia 16 de setembro de 2011, por ocasião da visita à exposição de todos os seus livros, preparada pela casa editora Herder e pela Livraria Editora Vaticana, em Castel Gandolfo, afirmou: "Comove-me e também me inquieta um pouco ver a coleção de livros que nasceu do meu pensamento. Espero que possa ser útil aos homens, que não sejam somente palavras que passam e vão, mas que sejam palavras que possam ajudar a encontrar o caminho certo." A 21 de fevereiro de 2012, in *L'Osservatore Romano,* Ernesto Ferrero voltou ao tema da humildade do Papa-escritor: "Impressionou-me

Aliás, as acusações indicadas por Varillon são as que principalmente têm sido feitas, muitas vezes sem nenhuma simpatia, contra o Papa alemão que, pelo contrário, não faz mais do que "vigiar simplesmente", sempre como "simples e humilde servidor na vinha do Senhor". No centro da sua constante preocupação está a salvaguarda da simplicidade da fé como indica o seguinte brevíssimo *excursus*, no *mare magnum* dos textos ratzingerianos e beneditinos.

No fim do Concílio Vaticano II, por ocasião das conclusões do seu último relatório, afirma:

> Em suma, em tempos perturbados e em tempos grandiosos, a Igreja vive no mais íntimo da fé daqueles que são de coração simples, como viveu Israel também em tempos em que o legalismo farisaico e liberalismo saduceu desfiguravam o rosto do povo eleito.

---

muito a pacatez, diria a humildade, com que o professor Ratzinger conduziu a sua investigação instrutória. Carregado de anos, de estudos e de leituras, nunca se aproveita da sua *auctoritas,* do papel institucional que desempenha. Aparece-nos sobretudo como um pesquisador que, na quietude de uma qualquer remota biblioteca universitária, faz as suas pesquisas, comparando documentos, cruzando provas, procurando dar um sólido equilíbrio às teses que argumenta. Trata os estudiosos que sustentam teses, até opostas e contrárias, com um respeito raro, num debate científico, mesmo quando essas teses estão pouco fundamentadas, e também os não ligados aos trabalhos, entre os quais me conto. Não esconde nem oculta ou afasta aquelas teses; antes, descobre-as uma a uma, sem agarrá-las pelas orelhas, como se pode fazer com muitos estudantes rebeldes, mas com uma delicadeza quase fraterna, com uma *levitas* franciscana. Quando fala aos lobos iluministas, o tom da sua voz é doce. Esta doçura dá mais força à sua firmeza."

Ela permanecia viva naqueles que eram de coração simples: foram estes que transmitiram ao Novo Testamento o facho da esperança. Os seus nomes são os últimos do antigo povo de Deus e, juntamente, os primeiros do novo: Zacarias e Isabel, José e Maria. A fé daqueles que são simples é o tesouro mais precioso da Igreja: servi-la e vivê-la é a tarefa mais alta de uma renovação eclesial.[6]

Eis o *depositum fidei* que o Prefeito e, depois, o Papa procurou guardar: a fé daqueles que são de coração simples.

Cerca de um decênio após o encerramento do Concílio, o professor de teologia enfrenta o problema da definição dogmática do Filho, "da mesma substância – *homoúsios* – do Pai". Aqui emerge uma vez mais o seu ser radicalmente antiprofessoral e antifilosófico:

> O termo principal empregado pelo Concílio é *homoúsios* – Jesus é da mesma substância do Pai. Porventura, não confirmará a nossa suspeita? Não significará que a fé se transformou em filosofia, coisa que naquele tempo talvez fosse inevitável, mas que hoje não interessa? Não nos encontraremos diante de uma fé confiada aos esquemas gregos de uma investigação da essência, enquanto teria sido bíblico e também moderno prescindir de uma simples problemática da essência?[7]

---

[6] Cf. Gianni VALENTE, *Ratzinger professore,* San Paolo, Cinisello Balsamo 2008, p. 114.

[7] Joseph RATZINGER, *Il Dio di Gesù Cristo,* Queriniana, Bréscia 1978, pp. 95ss.

O Papa teólogo, o Papa da lição de Ratisbona (para quem o elemento do *Logos* joanino mostra "a profunda concordância entre o que é grego, no melhor sentido, e o que é fé em Deus, sobre o fundamento da Bíblia", porque "o encontro entre a mensagem bíblica e o pensamento grego não era um simples acaso"), ei-lo aqui a acusar a "transformação da fé em filosofia". Mas não caiamos nas contraposições dialéticas aparentes e artificiais, dir-nos-ia o jovem professor Ratzinger; e, então, prestemos atenção à maneira como avança o seu surpreendente raciocínio que se detém a citar um fato histórico:

> Depois do Concílio de Calcedónia, o imperador Leão I fez um inquérito aos bispos para conhecer a sua opinião acerca das decisões tomadas na assembleia conciliar. Recolheram-se, no *Codex Encyclius*, trinta e quatro respostas, assinadas por cerca de 280 bispos e monges. Um destes bispos captou verdadeiramente o espírito do documento, quando disse que eles, os bispos, pretendiam responder *piscatorie et non aristotelice,* como pescadores e não como filósofos. Esta afirmação bem poderia ter sido feita por um Padre de Niceia, porque caracteriza o modo de sentir dos bispos perante a tentação do arianismo. O que, de fato, os preocupava não eram as questões, cada vez mais subtis, das pessoas instruídas, mas o problema mais simples, que corria o risco de que o perdessem de vista, as perguntas simples e originais que também as pessoas simples faziam a si mesmas.

O panorama da reflexão muda continuamente, estas perguntas devem permanecer, porque as referências primárias do homem, o seu centro simples, são sempre os mesmos.[8]

Piscatorie et non aristotelice: não agrada ao Papa-filósofo a filosofia que complica a fé que é um fato simples para pessoas simples. "Tirai o credo de Niceia e coisas semelhantes, e fareis uma estranha injustiça aos vendedores de chouriços",[9] sentenciara Chesterton, em 1905, no seu ensaio *Heréticos* (que Ratzinger leu), em que sublinhava que a discussão em torno do *homoúsios* fazia-se não só nos palácios do poder, nas também nas ruas populares de Niceia. E as perguntas das pessoas simples como os vendedores de chouriços são poucas como, por exemplo: "Quem era Jesus? Trata-se de uma pergunta que um homem simples faz, mas que não é levantada por uma filosofia da essência, que nos é estranha. Não há nenhuma mudança capaz de tornar superada ou irrelevante esta pergunta".[10]

A esta pergunta, Ário dera uma resposta à sua maneira (*aristotelice*) que tinha o seu fascínio: Jesus é somente homem e não é de natureza divina; porque Ário estava convencido de que "o mundo devia regular por si mesmo as suas coisas, de que o mundo não poderia de modo nenhum chegar até Deus e também de que,

---

[8] *Ibidem.*
[9] Gilbert K. CHESTERTON, *Eretici,* Piemme, Casale Monferrato 1998, p. 67. (Nova ed., Lindau, Turim 2010).
[10] RATZINGER, *Il Dio di Gesù Cristo* cit., p. 98.

naturalmente, Deus seria demasiado grande para poder interessar-se pelo mundo. Para os Padres da Igreja tratava-se de uma posição ateísta; e até tinham razão, porque um Deus de quem o homem não pode aproximar--se, um Deus que na realidade não pode ter um papel no mundo nem sequer é Deus".[11]

No fundo, esta questão é a mesma que a daquela lição de Ratisbona, a 12 de setembro de 2006, em que a reflexão do Papa estava voltada para a ideia da transcendência absoluta de Deus de Duns Escoto para cá, de um Deus entendido, sobretudo no seio da reforma protestante, como o Totalmente Outro, segundo a expressão de Rudolf Otto, retomada por Karl Barth (portanto, uma reflexão que, apesar dos clamorosos êxitos, se dirigia mais aos irmãos protestantes do que ao Islão): mas um Deus tão distante dos homens nem sequer é Deus nem, de modo nenhum, é o Deus do Evangelho a quem podemos chamar *Abbá*. Interroga-se o teólogo dogmático Ratzinger dos anos 70: se este Deus separado do mundo "não tem nenhum poder sobre o mundo", "e só nós o temos, o que nos restará, independentemente de todas as grandes palavras, se não o desespero?".[12] Mas a resposta dos Padres de Niceia será, porventura, verdadeiramente *piscatorie,* quer dizer, simples? E a palavra então inventada, *homoúsios,* será verdadeiramente acessível a todos? Ratzinger faz a si mesmo estas perguntas e defende a resposta, chegando, de modo convincente, a afirmar que

---

[11] *Ibidem,* p. 99.
[12] *Ibidem.*

Sobre a humildade e a leveza dos dogmas

a intenção dos Padres conciliares era a de que o termo *homoúsios*

> significa simplesmente que "Filho" não é um mero termo de comparação, mas sim uma autêntica realidade. No seu centro mais íntimo, no testemunho sobre Jesus Cristo, a Bíblia deve ser tomada à letra. A palavra deve ser aceite como tal, o que significa dizer que Jesus é "consubstancial". Não se trata de uma filosofia ao lado da Bíblia, mas da defesa da Bíblia de qualquer intromissão de tipo filosófico. [...] Aqui, o que os Padres efetivamente disseram é uma resposta simples: a palavra deve ser tomada à letra.[13]

Como, naqueles mesmos anos, escrevia Varillon (acabamos de lê-lo, mas vale a pena repeti-lo): "Se na Igreja existem os dogmas, é para que ninguém se engane sobre o que é o amor. Eles expõem-se à acusação de ideologia: na realidade têm por efeito impedir que o amor seja transformado em ideologia. Têm um andamento triunfal porque, na realidade, estão ao serviço da modéstia da teologia negativa".[14]

Talvez provenha desta atitude, de se querer impedir o engano de um amor e de uma fé reduzidos a uma ideologia, o equívoco sobre a "Igreja dos nãos", de que Ratzinger seria o emblema que, de vez em quando, sobe aos *mass media*. Sobre isto, Ratzinger sempre foi muito claro, com o seu estilo que não esconde as respectivas

---

[13] *Ibidem,* p. 100.
[14] VARILLON *L'umiltà di Dio* cit., pp. 50ss.,

responsabilidades, um estilo que sempre chocou quem, dentro da Igreja, nunca suportou o excessivo gosto penitencial dos *"mea culpa"* (mas que, pelo contrário, se encontram no centro do pontificado humilde deste Papa). Em 1997, já afirmava:

> Talvez também as grandes Igrejas tradicionais sejam sufocadas pela sua exagerada institucionalização e pelo consequente poder, pelo peso da sua própria história. Já não emergem a vivacidade e a simplicidade da fé. Então, ser cristão significa somente pertencer a uma grande organização e, de algum modo, saber que existem numerosos preceitos morais e dogmas de difícil compreensão. Assim, o Cristianismo acaba por parecer um peso, um lastro de tradição e instituição, que não se quer deitar fora porque, de alguma maneira, ainda se lhe reconhece uma função de socorro. Mas o verdadeiro fogo, capaz de inflamar, não consegue sair por causa da demasiada cinza que se foi acumulando em cima dele.[15]

O Prefeito da Congregação para a Doutrina da Fé não tem nenhuma dificuldade em reconhecer que

> uma parte de culpa é imputável também a nós. Em primeiro lugar, não encontramos a linguagem que nos permite comunicar à consciência contemporânea. Mais adiante, talvez embatamos em conceitos como pecado original, redenção, expiação, pecado e

---

[15] Joseph Ratzinger, *Il sale della terra,* San Paolo, Cinisello Balsamo 1997, pp. 139ss.

Sobre a humildade e a leveza dos dogmas

assim por diante, tudo palavras que exprimem uma verdade, mas que na linguagem atual nunca dizem nada à maior parte dos homens. Por isso, deveremos esforçar-nos por tornar compreensíveis os significados; mas só o conseguiremos se os vivermos profundamente. Se, através da nossa vivência, voltarmos a ser compreensíveis, então poderemos encontrar novas palavras para exprimi-los.[16]

Não há dúvida de que Bento XVI é "o Papa da palavra, da força da palavra", segundo a definição do seu secretário Georg Gänswein;[17] mas a palavra não como exercício retórico, como artifício intelectual ou mero *flatus vocis,* antes como palavra encarnada na vida e que da vida toma (e restitui) vida. Tal como a sua simplicidade não é mera redução simplista da complexidade do real e a assunção das suas responsabilidades é um fato discreto, quer dizer, fruto de um discernimento e não de um gosto malsão pelo autolesionismo. De fato, precisa no mesmo livro-entrevista de 1997:

> Devo acrescentar que a comunicação da verdade cristã nunca é somente uma comunicação intelectual. Ela diz alguma coisa que se refere à *totalidade* do indivíduo e que só posso compreender se aceitar entrar numa comunidade a caminho; [...] para muitos, daquilo que a Igreja diz só restam no fim algumas proibições de ordem ética, sobretudo na área da moral

---

[16] *Ibidem,* p. 194.
[17] A entrevista apareceu na agência Zenit, neste endereço web: http://www.zenit.org/article-23879?l=italian.

sexual e, consequentemente, estes têm a impressão de que aqui somente se quer condenar e limitar a vida. Talvez, nesse âmbito, se tenha dito demasiado e demasiado frequentemente e, às vezes, sem a necessária associação de verdade e amor. Mas isto depende também do que os *mass media* escolhem transmitir. Seja como for, proibições desse gênero têm um certo interesse do ponto de vista da comunicação e, de algum modo, apresentam um conteúdo compreensível. Mas, se, pelo contrário, se fala de Deus, de Cristo ou de outros temas centrais da fé, estes argumentos não conseguem entrar na linguagem secular nem ela os recebe. Por conseguinte, também devemos interrogar-nos sobre como é que a Igreja pode gerir a sua imagem pública, em vez de limitar-se a censurar os meios de comunicação.[18]

De fato, o estilo de Joseph-Bento é tomado da essencialidade e da simplicidade; mas, uma vez mais, não através de uma postura pessoal, antes porque a própria mensagem cristã é que é simples e leve: "Isto é decisivo. A Igreja não sobrecarrega os homens com nenhuma coisa, não propõe um sistema moral qualquer. Verdadeiramente decisivo é o fato de ser ela quem dá Cristo; de ser ela quem abre as portas que conduzem a Deus e de ser ela quem, assim, dá aos homens aquilo que eles mais esperam, aquilo de que mais precisam e aquilo que mais pode ajudá-los"; precisamente por isso, a Igreja e os homens de hoje precisam, "de certa maneira, de ilhas

---

[18] RATZINGER, *Il sale della terra* cit., pp. 195ss.

onde viva e de onde se difunda a fé em Deus e a profunda simplicidade do Cristianismo; uns oásis, arcas de Noé, nos quais o homem possa encontrar sempre refúgio. Refúgios, espaços protegidos são os litúrgicos [...] nos quais, ao contrário daquilo que de destrutivo nos rodeia, se manifesta a beleza do mundo e a beleza da vida".[19]

É óbvio que, para se conseguir transmitir esta mensagem de leveza, beleza e liberdade, é necessário ser-se homem leve, belo e livre; mas, ainda antes de se ser homem, é preciso ser-se criança.

---

[19] BENTO XVI, *Luce del mondo. Un colloquio com Peter Seewald,* LEV, Cidade do Vaticano 2010, p. 242 [Ed. bras.: *Luz do mundo,* São Paulo, Paulinas 2011].

10
Sobre Bento, um Papa "baixo", porque menino, porque de joelhos

> Deus não nos deixa tatear na escuridão. Mostrou-se como homem. Ele é tão grande que pode permitir-se tornar-se pequeníssimo.
>
> BENTO XVI

No termo da sua reflexão sobre a intrincada questão de teologia dogmática do *homoúsios* (e a correspondente "helenização" da fé judaico-cristã, como em 2006 haveria de dizer em Ratisbona), Joseph Ratzinger convida à coragem dos mártires que, por uma questão como a da "consubstancialidade" do Pai e do Filho, encontraram a morte, uma coragem que só pode nascer de uma confiança íntima entre o cristão e o Senhor, uma confiança justamente filial, de criança, como indica o célebre *Hino de Júbilo* de Mateus[1] que só pode ser vivida por quem

---

[1] "Naquela ocasião, Jesus tomou a palavra e disse: 'Bendigo-te, ó Pai, Senhor do Céu e da Terra, porque escondeste estas coisas aos sábios

vive como filho, quem não recusou o mistério de ser criança, quem não se tornou emancipado, tão rígido que se tornou incapaz de dizer "Pai", de ser agradecido. [...] Por isso, existe uma íntima correspondência entre a menoridade e o conhecimento, não no sentido de que o Cristianismo seja a religião do ressentimento ou dos idiotas, mas porque o conhecimento de Deus apenas se torna possível quando se está inserido na vontade do Filho. O homem que quer ser de maior idade faz-se Deus; mas, deste modo, perde não só Deus mas também a si mesmo. Quando, ao invés, permanece a capacidade de dizer "Pai", então é possível ser filho e, com isso, ter o conhecimento e a liberdade: pertencer a Deus que é a nossa redenção. *Piscatorie, non aristotelice:* os Padres de Niceia não se envergonharam de pertencer ao círculo dos de menor idade; por isso, puderam celebrar o louvor do Pai em que a vontade do Filho se revela e se torna a redenção dos atribulados.[2]

Os "menores" Padres de Niceia não se envergonharam, como também o "menor" Albino Luciani ("não me envergonho de sentir-me como um menino diante da

---

e aos entendidos e as revelaste aos pequeninos. Sim, ó Pai, porque isso foi do teu agrado. Tudo me foi entregue por meu Pai; e ninguém conhece o Filho senão o Pai, como ninguém conhece o Pai senão o Filho e aquele a quem o Filho o quiser revelar. Vinde a mim, todos os que estais cansados e oprimidos, que Eu hei de aliviar-vos. Tomai sobre vós o meu jugo e aprendei de mim, porque sou manso e humilde de coração e encontrareis descanso para o vosso espírito. Pois o meu jugo é suave e o meu fardo é leve'" (Mt 11,25-30).

[2] Joseph RATZINGER, *Il Dio di Gesù Cristo,* Queriniana, Bréscia 1978, pp 102ss.

mamã: se ele acredita na mãe, eu creio no Senhor, naquilo que Ele me revelou"), ambos citados e seguidos numa adesão profunda, por Joseph-Bento, o Papa de menor idade, o Papa não "rígido", o Papa-menino.

Não é por acaso que este Papa é excelentíssimo, quando conversa com as crianças: com elas está solto, precisamente não rígido, numa palavra, "simples", visto que, etimologicamente, esta palavra indica justamente aquele que não tem "implicações" nem "complicações" (já vimos que o contrário do homem simples é o homem afetado pelo narcisismo, enquanto a verdadeira simplicidade não está marcada por "nenhum narcisismo nem de conhecimento nem de amor, por nenhum encurvamento 'que complique' o ser, quando somos nós próprios, só permanecendo voltados para o alto, em movimento para ele"[3]). Agostinho dizia *homo curvatus* e Varillon escreve o homem "dobrado sobre si mesmo" contraposto àquela "humildade do Deus perfeitamente 'desprendido' que destrói o que, na nossa necessária tensão para a humildade, é destruidor da humildade",[4] Ratzinger diz "rígido, inteiriçado; mas todos falam da mesma coisa, que a fé é uma coisa simples para pessoas com coração simples".[5]

---

[3] François Varillon, *L'umiltà di Dio,* Qiqajon, Magnano 1999, p. 94.

[4] *Ibidem,* p. 71.

[5] Segundo Ratzinger, viver com simplicidade a sua fé não quer dizer não interrogar-se; ao contrário, ele afirma que "a fé não elimina as perguntas. Um crente que não fizesse a si mesmo estas perguntas acabaria por endurecer", in Joseph Ratzinger, *Il sale della terra,* San Paolo, Cinisello Balsamo 1997, p. 101. Como recorda um aluno seu, Peter Khun, o teólogo e professor de Teologia Joseph Ratzinger viveu

Na homilia de 11 de setembro de 2006, o dia da já citada primeira lição de Ratisbona, o Papa afirmava:

> O que significa crer? Poderá, de fato, uma coisa dessas ainda existir no mundo moderno? Ao ver as grandes *Sumas* de teologia, redigidas na Idade Média, ou ao pensar na quantidade de livros que se escrevem todos os dias a favor ou contra a fé, somos tentados a desanimar e a pensar que isto é tudo demasiado complicado. No fim, ao ver cada uma das árvores, já não se vê a floresta. É verdade: a visão da fé compreende céu e a terra; o passado, o presente, o futuro e a eternidade; por isso, nunca é inesgotável. Contudo, no seu núcleo é muito simples. De fato, o Senhor fala disso com o Pai dizendo: "Quiseste revelá-lo aos simples – àqueles que são capazes de ver com o coração" (cf. Mt 11,25). [...] Nesta visão, demonstram-se duas coisas: a fé é simples. [...] E a fé é amor, porque o amor de Deus quer "contagiar-nos". Como segunda coisa, podemos constatar: o Credo não é um conjunto de sentenças, não é uma teoria.

Quatro anos depois, conversando com o inevitável Peter Seewald, o Papa voltou às mesmas imagens para

---

esta "desenvoltura", baseada na capacidade de fazer perguntas a si mesmo: "Comparados com ele, os outros professores, na sua maioria, pareciam rígidos e anquilosados, fechados nos seus esquemas, sobretudo relativamente a nós, os evangélicos. Ele enfrentava todas as questões sem receio. Não tinha medo de lançar-se ao largo, enquanto outros professores nunca saíam dos carris de uma servil autocelebração"; citado por Gianni VALENTE, *Ratzinger professore,* San Paolo, Cinisello Balsamo 2008, p. 67.

reafirmar o mesmo conceito, para ele essencial, da simplicidade da fé:

> Diria que o simples é o verdadeiro e o verdadeiro é simples. O nosso problema consiste no fato de que, por causa das demasiadas árvores, já não conseguimos ver a floresta inteira; que, com todo este saber, já não encontramos a sabedoria. Neste sentido, também Saint-Exupéry, em *O Pequeno Príncipe*, ironizou sobre a inteligência do nosso tempo, mostrando que ela não descura o essencial e que, ao contrário, o principezinho, que não compreende nada daquelas coisas inteligentes, afinal vê mais ou melhor. Qual é o ponto? O que é o essencial, o que é que aguenta tudo? Tudo depende de ver o que é simples, tudo depende disto.[6]

A suspeita de Ratzinger, ao ler *O Pequeno Príncipe*, já tinha surgido quando, no n. 31 da sua primeira encíclica, escreveu: "O programa do cristão – o programa do bom samaritano, o programa de Jesus – é 'um coração que vê'", encontra aqui uma confirmação explícita.

Ao afirmar a simplicidade da fé, ao alcance de uma criança, o Papa sela conjuntamente a humildade e a essencialidade: a humildade de quem foge a toda a arrogância intelectual e a essencialidade de quem sempre se move com a intenção de "libertar das incrustações o verdadeiro núcleo da fé, restituindo-lhe energia e

---

[6] BENTO XVI, *Luce del mondo. Un colloquio con Peter Seewald,* LEV, Cidade do Vaticano 2010, p. 231 [Ed. bras.: *Luz do mundo*, São Paulo, Paulinas 2011].

dinamismo. Este impulso é a verdadeira constante da minha vida".[7]

Por isso, o que é importante é ver, é ser capaz de uma visão clara da simplicidade dos conteúdos da fé; mas, se esta visão se fizer sem a humildade, poder-se--á revelar uma armadilha. No livro-entrevista, o Papa continua a sua reflexão, dando o exemplo dos dogmas da ressurreição e da virgindade de Maria, conteúdos essenciais para os quais o cristão é convidado a olhar:

> Certamente que, se for eu a fixar o que posso e o que não posso ser, se for eu e mais ninguém a definir os limites do possível, então dever-se-ão excluir fenômenos semelhantes. É uma arrogância da inteligência dizer: isto tem em si mesmo algo de contraditório, de insensato; por isso, isto é impossível. No entanto, não é uma coisa nossa decidir quantas possibilidades há no cosmo, quantas se escondem em cima e dentro do cosmo.[8]

---

[7] Ratzinger, *Il sale della terra* cit., p. 91.

[8] Bento XVI, *Luce del mondo* cit., p. 232. Imediatamente depois, o entrevistador Peter Seewald cita uma frase do físico nuclear Werner Heisenberg ("O primeiro sorvo do copo das ciências naturais faz ateus; mas, no fundo do copo, Deus espera-nos") que encontra adesão imediata de Bento XVI que conclui: "Só enquanto se está inebriado com cada um dos conhecimentos é que se afirma 'Mais é impossível; já sabemos tudo.' Mas, no momento em que se reconhece a grandeza inaudita do conjunto das coisas, o olhar chega mais longe e impõe-se a questão de um Deus de quem tudo provém."

Depois de *O Pequeno Príncipe,* o *Hamlet* de Shakespeare: "Há mais coisas no céu e na terra, Horácio, do que sonha a tua vã filosofia".

É a humildade que conduz ao "jogo de equipa" (ao *sentire cum Ecclesia*) que salva os "sábios" do risco mortal da arrogância intelectual. No seu ensaio sobre *A simplicidade do cristão,* Hans Urs von Balthasar descreve estes "sábios" de que fala o *Hino de Júbilo* de Mateus (Mt 11,25-30), pessoas que "compreendem tudo o que se transforma, no seu encontro que tem por base os seus conceitos e as suas categorias e, deste modo, apreendem muito mais que os pequenos e os simples. Só que, quando o Pai, segundo o seu beneplácito, revela coisas divinas, pode acontecer que haja alguma coisa que não entre nestas categorias".[9] E, ao contrário, os simples são aqueles que, sem "compreender", ao darem espaço à "luz que irrompe" sem filtrá-la, serão abundantemente cumulados. "O homem simples, que não perturba, compreende exatamente isto, que os seus olhos espirituais não estão cheios, mas supercheios".[10]

É ainda a von Balthasar que se deve a expressão "teologia de joelhos", tão cara ao Papa alemão.

Há uma especial e emocionante intensidade, quando Bento XVI se ajoelha. É algo que lhe acontece frequentemente (fê-lo, por exemplo, com grande devoção

---

[9]   Hans Urs von Balthasar, *La semplicità del cristiano,* Jaca Book, Milão 1983, p. 27.

[10]   *Ibidem,* p. 28.

no dia 26 de setembro de 2009, em Praga, diante da estátua do Menino Jesus, conhecido e venerado em todo o mundo: um teólogo excelentíssimo, "nascido velho" como Papa, de joelhos diante do Deus que se fez menino[11]), não para se exibir, mas, ao contrário, por um fato essencial da fé do homem Joseph Ratzinger: a dimensão litúrgica. A humildade de que estamos a tratar desde o início deste livro não é somente fruto da índole caracterial[12] de Joseph-Bento, mas também o resultado de uma

---

[11] Eram profundamente devotos do Menino Jesus de Praga, entre os outros, Santa Teresa de Lisieux, Santa Teresa Bendita da Cruz, e o poeta francês Paul Claudel – um dos autores mais amados do jovem Ratzinger – que lhe dedicou um poema (do grande poeta francês recorda-se esta frase, quando chegou a Nápoles para uma conferência na primeira metade dos anos 50, já muito velho e impossibilitado de caminhar: "As minhas pernas nunca me permitem caminhar, mas permitem ajoelhar-me e isto me basta"). Finalmente, segundo declarou o Prior do Carmelo de Praga, também o próprio Antoine de Saint-Exupéry, devoto do Menino Jesus de Praga, ter-se-ia inspirado no Santo Menino para o seu romance *O Pequeno Príncipe*.

[12] Um episódio humorístico, entre os muitos que se poderiam contar, revela a predisposição natural de Joseph Ratzinger para a humildade. Contou-o ao autor deste ensaio o cardeal Julian Herranz, numa breve entrevista, no início de setembro de 2011: "Quando eu era decano do colégio cardinalício, era ele quem conduzia os habituais encontros dos chefes dos dicastérios da Cúria Romana. Pontualmente, no final dos encontros, era sempre ele quem acompanhava os colegas ao elevador e mandava-os entrar em primeiro lugar, colocando-se sempre no último lugar. Na manhã de 20 de abril de 2005, junto do portão da Casa Santa Maria, onde estavam ainda alojados todos os cardeais por causa do conclave, logo que terminou o primeiro dia, alguns cardeais (eu estava entre eles), encontraram-se com Ratzinger que, pela primeira vez, estava 'vestido' de Papa, Bento XVI abriu o portão

adesão convicta a uma fé que tem uma dimensão eclesial precisa e essencial, e, portanto, litúrgica. Até a palavra "liturgia" se refere ao povo (*laós*), que realiza uma obra (*érgon*): "obra do povo" é liturgia. A primeira pessoa da Igreja católica é plural, não singular. Há um nexo estreito entre a humildade e esta dimensão "popular" da fé, e Joseph-Bento sempre privilegiou, também nos seus escritos, a questão da liturgia (de tal maneira que, quando começou a publicação da sua *Opera Omnia,* os primeiros textos a serem editados foram os de caráter litúrgico). Como explica a Peter Seewald, em *Luz do mundo:*

> A verdade é que a liturgia não deve ser a autorrepre-sentação da comunidade – quando se diz que é importante que cada um se meta dentro dela – e, depois, no fim, só fica importante "o próprio eu". Trata-se, pelo contrário, do fato de que nós entramos em algo muito maior; que, de algum modo, saímos de nós mesmos para rumar ao largo. Por isso, é importante que a liturgia não seja, de modo nenhum, uma criação nossa.[13]

Liturgia como humildade, liturgia como essencialidade. Neste sentido, a liturgia não é, na realidade, uma "questão", mas a expressão da própria essência do ato de crer. Para o Papa alemão, existe quase uma identificação entre a experiência de fé e a liturgia:

---

e fez o gesto de dar passagem aos cardeais, ao que eu exclamei: 'Desta vez, não! Não é possível! Primeiro, Vossa Santidade!' Ele é assim, põe-se sempre em último lugar, mesmo como Papa!"

[13] Bento XVI, *Luce del mondo* cit., p. 153.

A Igreja torna-se visível aos homens em muitas coisas: na *Caritas*, nos projetos missionários, mas o lugar em que dela se faz realmente a maior experiência como Igreja é a liturgia. E é justo que assim seja. No fundo, o sentido da Igreja é permitir que nos dirijamos a Deus e deixemos entrar Deus no mundo. A liturgia é o ato, no qual cremos que *Ele* vem para o meio de nós e nós tocamo-lo. É o ato, no qual se cumpre o essencial: entramos em contato com Deus.[14]

Se isto é aquilo que acontece no ato litúrgico, então, compreende-se porque é que o Papa é tão exigente e volta, frequentemente, aos problemas relacionados com a liturgia:

O que conta é que, no centro, esteja verdadeiramente a Palavra de Deus e a realidade do sacramento; que Deus não seja, fria e exasperadamente, investigado por nós, nos pensamentos e nas palavras, e que a liturgia não se torne uma autorrepresentação. [...] Não sejamos nós a fazer alguma coisa, nem mostremos a nossa criatividade e, por isso, tudo o que saberíamos fazer. Porque a liturgia não é um *show,* não é um teatro, não é um espetáculo; mas tira a sua vida de um Outro. E isto deve também tornar-se evidente. Por isso é que a forma litúrgica preestabelecida é tão importante. Esta forma pode ser reformada no que tem de específico, mas não é, de cada vez, produzível pela comunidade. Como já se disse, não se trata de produzir por si. Trata-se de sair de si para dar-se a Ele e

---

[14] *Ibidem*, p. 215.

deixar-se tocar por Ele. Neste sentido, é importante não só a expressão, mas também o caráter comunitário e unitário desta forma.[15]

Não existe o cristão "privado". A vida do cristão funda-se sempre naquela humildade entendida como discrição e antiespetacularidade que já encontramos, porque "não há espetáculo sem um certo orgulho", fundada, em última análise, na humildade de Deus que, de fato, o cristão deve imitar (Ef 5,1). Por isso, a salvação está realmente na Igreja, mas no sentido em que a vida assume sentido e profundidade se, como já vimos, for vivida com o gesto humilde do "ser-não" de que Bento XVI falou, no dia 28 de março de 2010, da vida na companhia dos outros homens unidos pela liturgia, a obra do povo. O que Ratzinger procura, na sua caminhada especulativa, é "o que mantém o mundo unido"[16] e que ele encontra no gesto humilde de quem se ajoelha diante de Alguém maior. Como escreve Chesterton:

> O homem sempre considerou natural adorar alguma coisa, mesmo as coisas inaturais. A posição do ídolo pode ser dura e estranha, mas o gesto do adorador é sempre generoso e belo. Ele sente-se livre, quando está ligado; sente-se mais alto, quando se inclina. Tudo o que lhe proíbe o gesto da adoração envilece- -o e mutila-o para sempre; [...] quando não pode orar

---

[15] *Ibidem*, p. 216.

[16] Joseph RATZINGER, "O que mantém o mundo unido", in Joseph RATZINGER, Jürgen HABERMAS, *Etica, religione e Stato liberale,* Morcelliana, Bréscia 2004, pp. 41-57.

sente-se impedido, quando não pode ajoelhar-se está como que agrilhoado.[17]

A humildade, caminho para a liberdade. Como leitor de Chesterton, o Papa conhece bem este paradoxo: quatro meses depois da sua eleição, a 21 de agosto de 2005, ao dirigir-se à Conferência Episcopal Alemã, afirmou que, "na realidade, o homem torna-se livre quando se liga, quando encontra as raízes, porque então pode crescer e amadurecer". O Papa-teólogo está preocupado sobretudo com a falta de liberdade interior, cuja dimensão intelectual se integra na espiritual; conhece bem a frase de Evágrio Pôntico: "Se és um conhecedor de Deus, na realidade tu oras, e se realmente oras, és um teólogo".[18] Desta complementaridade, entre a oração e a investigação teológica, Bento XVI falou, no dia 9 de setembro de 2007, quando visitava a abadia de Heiligenkreuz, na Áustria:

> Por isso, a intelectualidade científica e a devoção vivida são dois elementos do estudo que, numa complementaridade irrenunciável, dependem uma da outra. [...] Na ânsia de obter o reconhecimento de rigorosa cientificidade, no sentido moderno, a teologia pode perder a respiração da fé. Mas, assim como uma liturgia que se esquece de olhar para Deus está, por isso mesmo, na penumbra, assim também uma teologia que já não respira no espaço da fé deixa de ser

---

[17] Gilbert K. CHESTERTON, *L'uomo eterno,* Rubbettino, Soveria Mannelli 2008, p. 141.

[18] Evágrio PÔNTICO, *De Oratione,* c. 60; PG 79, 1180 B.

teologia; acaba por reduzir-se a uma série de disciplinas mais ou menos ligadas entre si. Onde, pelo contrário, se pratica uma "teologia de joelhos", como pedia Hans Urs von Balthasar, não faltará a fecundidade. [...] Onde se descura a dimensão intelectual, nasce demasiado facilmente uma forma de piedosa presunção que vive quase exclusivamente de emoções e de estados de alma que não podem ser sustentados durante toda a vida. E onde se descura a dimensão espiritual, cria-se um racionalismo rarefeito que, tendo por base a sua frieza e o seu distanciamento, nunca pode explodir numa doação entusiasta de si mesmo a Deus.

Destas duas "teologias" (a arrogante e a de joelhos), ainda antes de von Balthasar, já tinha falado um dos grandes "amigos" de Joseph-Bento, São Boaventura. O Papa alemão, que fez a tese da sua licenciatura sobre o santo de Bagnoregio, recordou-o durante a vigília de 10 de junho de 2010 com os sacerdotes, por ocasião da conclusão do Ano Sacerdotal, com estas palavras:

Há realmente uma teologia que quer sobretudo ser acadêmica, parecer científica, mas esquece-se da realidade vital, da presença de Deus, da sua presença entre nós, de que hoje Ele também fala e não somente no passado. Já no seu tempo, São Boaventura tinha distinguido duas formas de teologia: "Há uma teologia que vem da arrogância da razão, que quer dominar tudo, que faz com que Deus passe de sujeito ao objeto que estudamos, enquanto deveria ser o sujeito que nos fala e nos guia." Há realmente este abuso da teologia, que é arrogância da razão e não alimenta a fé, mas obscurece a presença de Deus no mundo. Depois, há uma teologia que quer conhecer mais, por amor ao amado, que é estimulada pelo amor e guiada pelo amor, que quer conhecer mais o amado. E esta é a verdadeira teologia.

Portanto, segundo o Papa-teólogo, o pior vício dos teólogos e também dos clérigos é o orgulho. Vem-nos à mente não só o audacioso paralelismo que o pregador do Papa, o padre Raniero Cantalamessa, estabeleceu entre a humildade e a castidade, mas também, por outro lado, entre a soberba e a luxúria. A luxúria é o orgulho da carne e o orgulho é a luxúria do espírito. Os celibatários e os virgens estão particularmente expostos à tentação do orgulho. São aqueles que nunca se ajoelharam diante de uma criatura, reconhecendo a sua incompletude e a sua necessidade do outro".[19]

---

[19] Raniero CANTALAMESSA, *Verginità,* Editrice Àncora, Milão 1988, pp. 75-76.

11
Sobre a humildade
ou sobre a coragem

A virtude que tem por nome humildade está radicalmente nas profundezas da divindade.

MESTRE ECKHART

Há o risco, ínsito na liberdade do homem, de
que a arrogância prevaleça sobre a humildade, de que
a autonomia orgulhosa se feche e não haja a abertura
confiante a um Deus que procura entrar em contato
conosco, que acolhamos no gesto litúrgico comunitário.
Bento XVI conhece bem este risco e também intui a sua
possível solução que nasce, também ela, do tronco da
humildade: a coragem.

Se, precisamente, se excluir a novidade do Evangelho,
excluir-se-á a irrupção de Deus, a verdadeira novidade que é a alegria da nossa fé. O que fazer? Antes de
tudo, eu diria aos teólogos: tende coragem. [...] E diria
aos teólogos em geral: "Não tenhais medo deste fan-
tasma da cientificidade!" Comecei a estudar teologia
em janeiro de 46 e, por isso, vi quase três gerações de
teólogos e posso dizer: as hipóteses de que naquele
tempo e, depois, nos anos 60 e 80, eram as mais novas, absolutamente científicas, absolutamente quase

dogmáticas, entretanto, envelheceram e já não valem nada! Muitas delas parecem quase ridículas. Por isso, é preciso ter a coragem de resistir à aparente cientificidade, de não submeter-se a todas as hipóteses do momento, mas de pensar realmente a partir da grande fé da Igreja, que está presente em todos os tempos e nos abre o acesso à verdade. Sobretudo, também, não pensar que a razão positivista, que exclui o transcendente – que não pode ser acessível – é a verdadeira razão! Esta razão débil, que só apresenta as coisas experimentáveis, é realmente uma razão insuficiente. Nós, os teólogos, devemos usar a razão grande que está aberta à grandeza de Deus. Devemos ter a coragem de ir além do positivismo, da questão das raízes do ser. Isto parece-me de grande importância. Por isso, é necessário ter a coragem da grande, da ampla razão, ter a humildade de não submeter-se a todas as hipóteses do momento, de viver da grande fé da Igreja de todos os tempos. Não há uma maioria contra a maioria dos Santos: a verdadeira maioria são os Santos na Igreja e é para os Santos que devemos orientar-nos![1]

Um trecho rico de apontamentos importantes para "descodificar" este pontificado:

- a relação entre a fé e a razão (e a exigência de alargar a razão e de purificar a fé);
- a crítica à redução da razão operada pelo cientismo;

---

[1] Discurso de Ratzinger, na vigília de 10 de junho de 2010, por ocasião do encontro internacional dos sacerdotes para a conclusão do Ano Sacerdotal.

- a humilde coragem de não ser cata-vento que se dobra aos ventos das modas do momento;

- a força da fé tal como é transmitida pela Igreja e pela "maioria" dos Santos.

Sobre os dois primeiros pontos, o próprio Ratzinger escreveu tanto que bastará pensar no seu diálogo com Jürgen Habermas; aqui, limitar-me-ei a dizer poucas coisas ligadas com o "fio vermelho" da humildade que, por sua vez, se entrelaça com o tema da verdade e do poder, na precisa e clara afirmação de Paulo VI, segundo a qual a humildade é verdade e é daqui que se deve partir. O problema que Ratzinger realça é "o eclipse da verdade"; por outras palavras, nos últimos séculos, o homem ocidental tomou uma direção, pela qual o "fazer" e o "poder" tornaram-se a medida e o critério da sua ação e poucos são os sujeitos que opõem uma crítica sobre os riscos ínsitos nesta evolução da modernidade. Sobre estes pontos, o tom calmo e cauto de Joseph-Bento torna-se mais intenso. O ancião pontífice registra uma mudança na atitude de fundo do homem em relação à verdade: "O homem já não procura o mistério, o divino, mas crê ter a certeza de que, um dia, a ciência explicar-nos-á tudo o que ainda não compreendemos. E pensa-se que é só uma questão de tempo; depois, teremos o poder sobre todas as coisas".[2] Por isso, a situação é simultaneamente clara e dramática: "Eis o desafio da Igreja; que não tem

---

[2] Bento XVI, *Luce del mondo. Un colloquio con Peter Seewald,* LEV, Cidade do Vaticano 2010, p. 191 [Ed. bras.: *Luz do mundo,* São Paulo, Paulinas 2011].

só esta grande responsabilidade, porque – diria eu – frequentemente, a Igreja é a única esperança. A Igreja está tão próxima da consciência do homem que pode levá-lo a determinadas renúncias e a conseguir imprimir no seu ânimo determinadas atitudes de fundo".[3]

Então, o desafio consiste precisamente em voltar à humildade, no esforço de inverter a evolução da atitude do homem ocidental em relação à verdade, que deve tornar a ser critério da ação em vez do "fazer" e do "poder", de modo a fazer com que o homem reconheça a sua primeira verdade, a de ser limitado.

> Seja como for, deveríamos esforçar-nos por tornar possível um novo início [...], por libertar aquelas forças, graças às quais o homem aprende a impor limites a si mesmo. Porque, agora, depende evidentemente disto: que o homem não faça tudo o que poderia – de fato, poderia destruir-se a si mesmo e ao mundo –, mas saiba contrapor ao poder a medida do dever e da liceidade; que reconheça como limites físicos ao seu próprio poder não só os limites físicos, mas precisamente aqueles limites que definem a dimensão moral.[4]

Joseph-Bento sente muito o peso desta responsabilidade, o dever da coragem: ao reafirmar o primado da humildade, quase com uma áspera autocrítica, escreve

---

[3] *Ibidem,* p. 74.
[4] Joseph RATZINGER, *Il sale della terra,* San Paolo, Cinisello Balsamo 1997, p. 259.

em 1992, por ocasião do vigésimo aniversário da revista *Communio*:

> A fé não é um exercício de autoafirmação para alguns que podem perder tempo, mas o dom de uma vida e, como tal, deve ser novamente agradecida. [...] Ainda me queima na alma a frase de Hans Urs von Balthasar: "Não se trata de valentia; mas, tanto agora como sempre, trata-se de coragem cristã que se arrisca e se expõe." Tivemos esta coragem em quantidade suficiente? Ou, então, refugiamo-nos preferentemente atrás de erudições teológicas para demonstrar um pouco demais que também nós estamos à altura dos tempos? Enviamos verdadeiramente a um mundo esfomeado a palavra da fé, de maneira compreensível e dirigida aos corações? Ou, porventura, não teremos ficado também nós, as mais das vezes, no interior do círculo daqueles que, com uma linguagem especializada, se entretêm atirando a bola uns aos outros?[5]

---

[5] Cf. Gianni VALENTE, *Ratzinger professore,* San Paolo, Cinisello Balsamo 2008, p. 174. Joseph-Bento voltou frequentemente ao tema da dificuldade de comunicar, de modo "compreensível", a palavra da fé, a começar pelo princípio da sua obra mais famosa, *Introdução ao cristianismo,* de 1968, em que retomando uma imagem famosa de Kierkegaard, comparava o teólogo à figura do palhaço que, apesar da gravidade da sua mensagem, nunca é levado a sério. Ao contrário, por vezes, o cristão precisa de camuflar-se de palhaço para poder impressionar a imaginação e a curiosidade dos seus contemporâneos (é este o destino de autores como Chesterton que, segundo Emilio Cecchi, poderia ser comparado "a um Padre da Igreja, obrigado pela necessidade dos tempos e do ministério a pregar às turbas, no estilo burlesco dos céticos e dos gozadores"). Sobre este assunto, há uma interessante reflexão de Mons. Lino Goriup, no cap. "Bento XVI ou o palhaço de Deus" do seu livro *Il rischio è bello.* ESD, Bolonha 2010, pp. 211-304.

Sobre a humildade ou sobre a coragem

Em 1997, invoca uma "revolução da fé" para "encontrar a coragem de ir contra as opiniões comuns" e "a coragem de pôr-se a caminho, também contra aquilo que é considerado a 'normalidade' para o homem do fim do séc. XX, e descobrir a fé na sua simplicidade".[6] Portanto, um Papa revolucionário, um Papa do contra. Também há disto em Joseph-Bento que interpreta precisamente o seu papel de Sumo Pontífice como elemento de contraposição, de oposição ao poder, porque ser Vigário de Cristo "significa tornar presente o poder de Cristo como contraforte ao poder do mundo; não sob a forma de um qualquer domínio, mas antes carregando este peso sobre-humano sobre os seus ombros humanos".[7]

Como leitor de Chesterton, Joseph Ratzinger compreende o aspeto paradoxal da Igreja católica, aquela realidade em que a revolução e a tradição convergem sem entrar em conflito. De fato, como escreve o romancista inglês, em *A Igreja católica e a conversão,* o Catolicismo é "uma religião nova, quer dizer, uma revolução" e, portanto, "nunca será uma tradição. Será sempre uma coisa incômoda, nova e perigosa":[8]

> Ao contrário, não há nada de tão perigoso e de tão excitante como a ortodoxia: a ortodoxia é a sabedoria e ser sábio é mais dramático do que ser louco. A Igreja nunca escolheu os caminhos já batidos, nem aceitou

---

[6] RATZINGER, *Il sale della terra* cit., pp. 40ss.
[7] BENTO XVI, *Luce del mondo* cit., pp. 24ss.
[8] Gilbert K. CHESTERTON, *La Chiesa cattolica,* Lindau, Turim 2010, p. 19.

os lugares comuns, nem nunca foi respeitável. É fácil ser louco; é fácil ser herege; é sempre fácil deixar que uma época se ponha à cabeça de alguma coisa; difícil é conservar a cabeça; é sempre fácil ser-se modernista, como é fácil ser *snobe*.[9]

A verdade (aqui, parece que Chesterton fala precisamente de Ratzinger) é que o homem moderno tem dificuldade em perceber que "num tempo em que se negava e desprezava estupidamente a tradição, a Igreja defendeu-a. Mas isto foi só porque a Igreja é sempre a única disposta a defender tudo o que num dado momento é estupidamente desprezado. E, assim como, já no séc. XIX, foi defensora da tradição, assim também no séc. XX está a tornar-se a defensora da razão".[10] A Igreja de João Paulo II e a de Bento XVI é a Igreja "defensora da razão" e "colaboradora da verdade". Na visão destes dois Papas, o drama é que, em relação à verdade, o homem ocidental tornou-se esquizofrênico e tomou duas direções opostas, mas que conduzem à mesma conclusão: a suspeita sobre a verdade. A primeira direção é a do abuso do conceito de verdade: "É justo dizer que se abusou muito dele. Em nome da verdade, chegou-se à intolerância e cometeram-se atrocidades. Por isso, as pessoas têm medo, quando ouvem alguém dizer: 'Esta é a verdade' ou, então, 'Eu tenho a verdade'. Nunca possuímos a verdade; no melhor dos casos, é ela

---

[9] Gilbert K. CHESTERTON, *Ortodossia,* Morcelliana, Bréscia 1980, p. 140 (nova ed. Linday, Turim 2010).

[10] CHESTERTON, *La Chiesa cattolica* cit., p. 19.

Sobre a humildade ou sobre a coragem

que nos possui".[11] A segunda direção é a da privação do conceito de verdade:

> Efetivamente, grande parte das filosofias hodiernas defende que o homem não é capaz da verdade. Mas, deste modo, também não seria capaz de moralidade. E, então, não haveria nenhuma unidade de medida. Deveria somente esforçar-se por arranjar-se de algum modo e, no melhor dos casos, a opinião da maioria tornar-se-ia o único critério que conta. Contudo, a história mostrou suficientemente quanto as maiorias podem ser destruidoras como, por exemplo, com os regimes do nazismo e do marxismo, um e outro marcadamente contra a verdade.[12]

Às maiorias histórico-políticas, privadas do fundamento da verdade, Bento XVI contrapõe a "maioria dos Santos". Seguir esta maioria permite que se evite o risco de tornar-se "cata-vento" ou, usando as duas famosas expressões de São Paulo de "não nos acomodarmos à mentalidade deste mundo" (cf. Rm 12,2) e de estarmos prontos para aquele "dia" de que o apóstolo fala a Timóteo:

> Virão tempos em que o ensinamento salutar não será aceite, mas as pessoas acumularão mestres que lhes encham os ouvidos, de acordo com os próprios desejos. Desviarão os ouvidos da verdade e divagarão ao sabor de fábulas. Tu, porém, controla-te em

---

[11] BENTO XVI, *Luce del mondo* cit., pp. 79ss.
[12] *Ibidem*, p. 80.

tudo, suporta as adversidades, dedica-te ao trabalho do Evangelho e desempenha com esmero o teu ministério.[13]

A alusão à maioria "eterna" dos Santos recorda a afirmação de Chesterton sobre a relação estreita que, para o escritor-pensador inglês, existe entre a democracia e a tradição:

> A democracia é isto: as coisas mais terrivelmente importantes devem ser deixadas aos homens comuns: o acasalamento dos sexos, a educação dos jovens, as leis do Estado [...] e a tradição não são senão a democracia estendida no tempo. [...] Tradição significa dar o rosto à mais obscura de todas as classes, a dos nossos antepassados. É a democracia dos mortos.[14]

Os santos são pessoas muito importantes para Joseph-Bento e não somente os seus "amigos", muitas vezes citados (Agostinho, Boaventura e Tomás), mas também toda a sequência que, segundo o Papa-teólogo, representa desde há dois milênios juntamente com a beleza[15] da arte cristã, a melhor "apologética da fé"; foi por

---

[13] 2Tm 4,3-5.

[14] CHESTERTON, *Ortodossia* cit., p. 65.

[15] Joseph-Bento deteve-se frequentemente sobre a beleza, para recordar o seu efeito de benéfico "abanão" que desperta no homem o desejo do infinito e das coisas últimas (cf. Joseph RATZINGER, *La bellezza. La Chiesa,* Itaca, Castel Bolognese 2005, p. 16 ou também o discurso aos artistas no dia 20 de novembro de 2010). Ainda no mesmo comprimento de onda, no recente ensaio *La bellezza,* o filósofo inglês Roger Scruton sublinha a relação entre a beleza e a humildade, quando, por exemplo, afirma que, "de fato, a beleza reivindica uma pretensão sobre nós: é um convite a que

Sobre a humildade ou sobre a coragem

isso que, nestes sete anos, dedicou quase inteiramente todas as suas catequeses das audiências públicas das quartas-feiras à apresentação das biografias dos maiores santos do catolicismo.[16] Na quarta-feira, 15 de março de 2006, Bento XVI acabou de ler os textos que tinham sido preparados pelo seu predecessor e começou a ler os

---

renunciemos ao nosso narcisismo e olhemos para o mundo com respeito", *in* Roger Scruton, *La bellezza,* Vita e Pensiero, Milão 2011, p. 148.

[16] Entre as muitas catequeses dedicadas aos santos que se poderiam citar, há uma em particular que impressiona pela pouca notoriedade do santo que o Papa ofereceu à atenção dos seus ouvintes e porque foi para Bento XVI uma ocasião para concentrar-se no tema da humildade: a catequese de 21 de novembro de 2007, dedicada à figura do persa Santo Afraates do séc. IV. Entre outras coisas, o Papa recordou que "para Afraates, a vida cristã centra-se na imitação de Cristo, em tomar o seu jugo e segui-lo no caminho do Evangelho. Uma das virtudes que mais convém ao discípulo de Cristo é a humildade. Ela não é um aspeto secundário na vida espiritual do cristão: a natureza do homem é humilde e é Deus quem a exalta à sua própria glória. A humildade, observa Afraates, não é um valor negativo: 'Embora a raiz do homem esteja plantada na terra, os seus frutos sobem até diante do Senhor da grandeza' (*Exposição* 9,14). Permanecendo humilde, também na realidade terrena em que vive, o cristão pode entrar em relação com o Senhor: 'O humilde é humilde, mas o seu coração eleva-se às alturas excelsas. Os olhos do seu rosto observam a terra e os olhos da mente a altura excelsa' (*Exposição* 9,2). A visão que Afraates tem do homem e da sua realidade corporal é muito positiva: a exemplo de Cristo humilde, o corpo humano é chamado à beleza, à alegria, à luz: 'Deus aproxima-se do homem que ama e é justo que se ame a humanidade e se permaneça na condição de humildade. Os humildes são simples, pacientes, amados, íntegros, retos, peritos no bem, prudentes, serenos, sábios, tranquilos, pacíficos, misericordiosos, prontos a converter-se, benévolos, profundos, ponderados, belos e desejáveis' (*Exposição* 9,14)".

"seus" (aliás, também João Paulo II tinha feito assim: antes de começar as suas catequeses, "esgotou" as preparadas pelo papa Luciani), tendo feito imediatamente emergir uma atenção especial pela dimensão eclesiológica. Wojtyla tinha proposto à Igreja que "contemplasse o rosto de Cristo", à luz do terceiro milênio. Ratzinger passou do rosto de Cristo ao "corpo" de Cristo, a Igreja. "Caminhando na mesma direção – disse Bento XVI –, gostaria de mostrar nas catequeses que hoje começo que as luz daquele Rosto se reflete no rosto da Igreja, apesar dos limites e das sombras da nossa humanidade frágil e pecadora". Se João Paulo II tinha reinado ao grito de "Abri as portas a Cristo!", Bento XVI empenhou-se num esforço ainda mais árduo, pedindo ao homem do terceiro milênio que "abra as portas à Igreja". É evidente a coragem desta opção que vai precisamente contra a corrente da atitude individualista, ainda muito difundida sobretudo no Ocidente, sintetizável no *slogan* "Viva Cristo, abaixo a Igreja!".

Na homilia de inauguração do seu pontificado, o papa Ratzinger tinha feito seu o famoso feito wojtyliano de "abrir as portas a Cristo", mas bem depressa esta exortação assumiu a dimensão eclesiológica, porque sem o corpo de Cristo a fé arrisca-se a tornar-se uma forma de vazio e vago espiritualismo desencarnado. Talvez seja também por isso que, naquela homilia, pediu aos fiéis: "Orai por mim, para que eu não fuja amedrontado diante dos lobos." E depressa os lobos se mostraram vivos nestes primeiros sete anos. O ano de 2010 foi o ano pesadíssimo dos ataques à Igreja e ao próprio Papa, por causa das investigações em várias partes do mundo sobre os abusos e os escândalos sexuais, no interior do clero católico. Em meados desse ano, respondendo a Peter Seewald, o Papa volta a confirmar a sua vontade de não deixar-se intimidar e fugir:

> Quando o perigo é grande não se pode escapar. É por isso que este não é seguramente o momento de demitir-se. É precisamente em momentos como este que é necessário resistir e superar a situação difícil. É este o meu pensamento. Podemos demitir-nos num momento de serenidade ou quando simplesmente já não somos precisos. Mas não se pode escapar justamente no momento do perigo e dizer: "Que outro se ocupe disto".[17]

O Papa sabe muito bem que a Bíblia contém essencialmente uma mensagem de encorajamento aos homens, não sendo por acaso que a expressão "Não temais!" – ou semelhantes – é, em absoluto, uma das mais correntes no texto bíblico; a coragem é uma virtude cristã fundamental, sobretudo para quem assume papéis de responsabilidade: "Penso que a coragem é uma das principais qualidades que um bispo ou um responsável da Cúria devem hoje possuir. Também significa não dobrar-se ao *diktat* das opiniões dominantes, mas agir por convicção interior, embora, desta maneira, se venha

---

[17] BENTO XVI, *Luce del mondo* cit., p. 53.

a ter dificuldades".[18] Ser bispo (e ainda mais, bispo de Roma) significa ser pai e, como perspicazmente observou o jornalista Aldo Maria Valli, "o destino deste Papa é, portanto, o de todos os pais que cumprem o seu dever de pais: a impopularidade".[19] Uma impopularidade que – sublinha Valli – nasce também do fato de, frequentemente, Bento XVI ser visto "como um pau metido entre as rodas da máquina empenhada em construir o consenso e em formar consciências".[20]

Eis que desponta outro tema muito "ratzingeriano": a consciência e, com ela, além dos inimigos, também outros "amigos", aliás, "modelos" propriamente ditos:

> Parece-me muito importante não pôr o consenso ou um amável clima de grupo acima da verdade. É sempre uma grande tentação. Obviamente, o apelo à consciência pode sempre mudar-se, no intuito de considerar que se tem o dever de estar sempre contra todas as coisas. Mas, entendido no sentido correto, um homem que se põe à escuta da consciência e, para quem, o que assim interioriza como bem, está acima do consenso e da aceitação dos outros. Para mim, figuras como Tomás Moro e o cardeal Newman e outras grandes testemunhas – temos os grandes perseguidos

---

[18] *Ibidem,* p. 126.

[19] Aldo Maria VALLI, *La verità del Papa. Perché lo attaccano. Perché va ascoltato,* Lindau, Turim 2010, p. 174.

[20] *Ibidem,* p. 167.

pelo regime nazi como, por exemplo, Dietrich Bonho-
effer – são modelos verdadeiros.[21]

Outro modelo, menos conhecido de Joseph Ratzinger, foi o teólogo e cardeal Leo Scheffczyk, cuja maneira
de falar, comedida, mas genuína e clara, Ratzinger admi-
rava. No período pós-conciliar, na turbulenta segunda
metade dos anos 60, o teólogo bávaro, já na casa dos
quarenta, pôde apreciar o comportamento deste teólogo
alemão, falecido em 2005, "este homem tão silencioso
e um tanto tímido", mas "sempre o primeiro a tomar
posição com clareza. Naquele contexto, eu próprio era
quase demasiado receoso sobre tudo o que haveria de
ousar para avançar, de modo tão direto, tão 'no ponto'.
Ele, pelo contrário, dizia imediatamente com grande clareza e, ao mesmo tempo, com uma justificação teológica
oportuna o que estava e o que não certo".[22]

Joseph-Bento sempre apreciou homens como Leo
Scheffczyk com a sua "tímida-coragem", este estranho
oximoro, este estranho paradoxo que é outro nome da
humildade. Homens como os Magos que, contra tudo
e contra todos, chegam a Belém para adorar o recém-
-nascido Messias, "Eram pessoas de coração inquieto
que não se contentavam com o que parece e é costume",
disse na homilia para a festa da Epifania, no dia 6 de
janeiro de 2012:

---

[21] Ratzinger, *Il sale della terra* cit., p. 76.
[22] Citado in Valente, *Ratzinger professore* cit., p. 176.

Eram homens à procura da promessa, à procura de Deus. E eram homens vigilantes, capazes de perceber os sinais de Deus, a sua linguagem submissa e insistente. Mas também eram homens corajosos e simultaneamente humildes: podemos imaginar que tiveram de suportar algum escárnio, porque encaminharam-se para o Rei dos Judeus, enfrentando por isso muitas dificuldades. Para eles, não era decisivo o que este ou aquele pensava e dizia deles, mesmo pessoas influentes e inteligentes. Para eles contava a verdade em si mesma, não a opinião dos homens. Por isso, enfrentaram as renúncias e as dificuldades de um percurso longo e incerto. Foi a sua coragem humilde que lhes permitiu que pudessem inclinar-se diante do menino de gente pobre e reconhecer nele o rei prometido, cuja busca e cujo reconhecimento foram o objetivo da sua caminhada exterior e interior.[23]

Bento parece ter aprendido a lição de Scheffczyk, pelo menos é o que diz o seu secretário pessoal, Mons. Georg Gänswein que, na já citada entrevista de 28 de setembro de 2010, sublinha o equilíbrio e a clareza com que o Papa, "que não teme confrontos nem debates",

---

[23] Como, no dia seguinte, sublinhou o diretor de *L'Osservatore Romano*, Gian Maria Vian, num editorial intitulado "Con umile coraggio", no diário vaticano: "... na realidade, ao descrever os magos como 'homens corajosos e simultaneamente humildes', o Papa falou da sua investigação pessoal. Uma investigação – com uma 'inquietação do coração' que conduz a Deus – que apresentou como exemplar: não só para os bispos que ordenou e para os cardeais que criará, mas, em suma, para cada ser humano, crente ou não crente". Cf. *L'Osservatore Romano*, 7-8 de janeiro de 2012.

chama pelo nome os problemas, evitando generalizações fáceis e contraposições retóricas, numa palavra, a sua coragem: "Chama pelo nome as insuficiências e os erros do Ocidente, critica a violência que pretende ter uma justificação religiosa; [...] nunca deixa de recordar-nos que podemos voltar as costas a Deus, tanto com o relativismo e o hedonismo como com a imposição da religião, através da ameaça e da violência".[24] Em suma, podemos ser tímidos e também ousar, como Leo Scheffczyk e Joseph Ratzinger, porque naquele caso a timidez nasce do temor de Deus, isto é, da reverência ao Senhor que leva a falar dele com aquele arrepio de que fala São Gregório de Nazianzo: "Aquele frêmito da voz, do espírito e do pensamento que sinto todas as vezes que falo de Deus, e desejando-vos esta mesma emoção louvável e bem-aventurada".[25] Exclama François Varillon:

> Bem-aventurada timidez, que não tem nada que ver com a hesitação doutrinal, quando se percebe que o verbo melódico interior é tão rico, íntimo e puro, que não é possível, nem que fosse um monge de Solesmes, proferi-lo sem degradá-lo um pouco. Certas páginas de *Anunciação a Maria* de Paul Claudel autorizam o mesmo pudor. Pudor que é, simultaneamente, reserva e emoção. [...] Só *quenoticamente* é que podemos falar

---

[24] A entrevista apareceu na agência Zenit, neste endereço web: http://www.zenite.org/article-23879?l=italian.

[25] François Varillo, *L'umiltà di Dio,* Qiqajon, Magnano 1999, p. 17.

da *quênose* de Deus. É só com humildade que podemos sugerir a humildade de Deus.[26]

Aqui, entramos no âmago mais íntimo da nossa viagem à volta da figura do atual pontífice e da sua humildade. A humildade de Joseph-Bento não é "sua" (de contrário não seria verdadeira humildade), mas é reflexo, gota que transborda por contágio, da humildade de Deus. Deus é humilde e, por isso, o homem poderá ser humilde, se se abrir a receber a humildade de Deus. O Deus dos cristãos é o Deus que se baixa, que desce e "monta a sua tenda no meio de nós" (cf. Jo 1,14), é o Deus da *quênose*. Com frequência, Joseph Ratzinger deteve-se neste mistério da descida de Deus que se "humaniza" para "divinizar" o homem e que o fez com a sua habitual, aguda e genuína simplicidade. "O conceito de 'descida' apresenta certamente dificuldade de compreensão para o homem de hoje − escreve na primeira metade dos anos 70 – [...] não nos agrada a ideia de que alguém se 'abaixe' diante de outro. Não queremos uma condescendência, mas igualdade".[27] Este abaixamento de Deus é a essência do mistério central do catolicismo, o mistério da encarnação, da mão de Deus que salva (o nome de Jesus significa "Deus salva") tomando-nos e pedindo-nos que o sigamos na sua qualidade de filho: "O abaixamento da encarnação ou, melhor, a humilhação da cruz, corresponde profundamente ao próprio mis-

---

[26] *Ibidem*, p. 16.
[27] Joseph Ratzinger, *Il Dio di Gesù Cristo,* Queriniana, Bréscia 1978, p. 62.

tério da essência de filho [...]: tornamo-nos Deus, não nos pondo de modo autossuficiente nem procurando a autonomia sem limites do totalmente emancipado".[28]

Por isso, estamos no coração da fé cristã que vê a humildade de Deus e, depois, a dos homens, colocada no seu centro mais íntimo porque, como recorda o místico alemão Mestre Eckhart, "a virtude que tem por nome humildade radicou-se nas profundezas da divindade".[29] A humildade, mas não sozinha. Tudo isto e tudo aquilo que já vimos nas páginas anteriores (timidez, frêmito, pudor, reserva, emoção, discrição, essencialidade, silêncio, paciência, renúncia e coragem) não somente nascem, mas também e ao mesmo tempo alimentam, de fato, uma única grande força que encerra o segredo da fé católica (e deste homem que, desde há sete anos, governa a Igreja católica): a alegria.

---

[28] *Ibidem,* p. 22.

[29] VARILLON, *L'umiltà di Dio* cit., p. 5. Observa Erich Przywara, refletindo sobre o abaixamento (*quênose*) de Deus, que "o profundo da humildade acaba por ser o vértice da glória. Humildade é tão-só outra palavra para indicar o mistério da encarnação" e, mais adiante, sublinha que este abaixamento é "o órgão para chegar a Deus" porque, "por isso, a humildade indica o maravilhoso intercâmbio (*admirabilis commercium*) que tem lugar na encarnação". Erich Przywara, *Umiltà, pazienza e amore. Meditazioni teologiche,* Queriniana, Bréscia 1968, p. 14.

12
O Papa do humor e da alegria

A alegria profunda do coração é também o verdadeiro pressuposto do humor e, assim, sob determinado aspeto, o humor é um índice, um termômetro da fé.

BENTO XVI[1]

Não fiz um exame aprofundado, mas tenho quase a certeza de que se se analisassem as repetições verbais nos textos de Bento XVI a palavra mais presente seria *"gioia"* (*alegria*, com sotaque alemão). Partamos de uma das muitíssimas afirmações sobre a importância da alegria para o cristão, e experimentemos ver até onde nos levou esta nossa longa reflexão sobre a humildade e sobre o atual Pontífice. É uma frase tirada, uma vez mais, do livro-entrevista *Luz do mundo* que, posta quase na abertura, tem força categórica: "Toda a minha vida foi sempre atravessada por um fio condutor, este: o Cristianismo dá alegria e

---

[1] Joseph RATZINGER, "La fede è realmente um 'lieto messaggio'?", *in* François-Xavier Durrwell (dir.), *Chiamati alla libertà. Saggi di teologia morale in onore di Benhard Häring,* Ed. Paoline, Roma 1980, pp. 156-157.

alarga os horizontes. Em suma, uma existência vivida sempre e só 'no contra' seria insuportável".[2]

Primeiro ponto: a alegria e a razão estão ligadas; esta ligação encontra-se nesta religião estranha que "alarga os horizontes". Ao falar da sua conversão, Chesterton escrevia: "Tornar-se católico alarga a mente"[3] e, mais adiante, "Tornar-se católico não significa deixar de pensar, mas aprender a fazê-lo".[4]

Segundo ponto, surpreendente: no capítulo anterior, tínhamos acabado de habituar-nos à ideia de um Papa revolucionário, de um "Papa do *contra*" e eis que, repentinamente, nos chega um desmentido, porque não se pode viver "sempre e só, contra". É evidente que a oposição é só aparente; de fato, mais adiante, na mesma frase, o Papa precisa: "Mas, ao mesmo tempo, sempre tive presente, embora em medida diferente, que o Evangelho se encontra em oposição a constelações poderosas. [...] Por isso, faz parte do jogo suportar ataques e opor resistência; mas trata-se de uma resistência que tende a iluminar o que nela há de positivo".[5] Portanto, resistência que significa abandono de toda a resignação, lamentação ou ressentimento, e caminho de busca paciente e tenaz d'aquilo que nisso há de positivo", daquela bondade que

---

[2] Bento XVI, *Luce del mondo. Un colloquio con Petter Seewald,* LEV, Cidade do Vaticano 2010, p. 27 [Ed. bras.: *Luz do mundo*, São Paulo, Paulinas 2011].

[3] Gilbert K. Chesterton, *La Chiesa cattolica,* Lindau, Turim 2010, p. 58.

[4] *Ibidem,* p. 79.

[5] Bento XVI, *Luce del mondo* cit., p.27.

está escondida nas pregas da história dos homens. É esta a coragem de Bento, a coragem da alegria:

> A alegria simples, genuína, tornou-se mais rara. Hoje, a alegria está, em certo sentido, cada vez mais carregada de hipotéticas morais e ideologias; [...] o mundo não se torna melhor, se for privado da alegria; o mundo precisa de pessoas que descobrem o bem, que são capazes de sentir alegria; por isso é que, desse modo, também recebem o estímulo e a coragem de fazer o bem; [...] precisamos daquela confiança originária que, em definitivo, só a fé pode dar. Que, afinal, o mundo é bom, que Deus existe e é bom. Daqui deriva também a coragem da alegria que, por sua vez, se torna compromisso porque também os outros podem alegrar-se e receber o alegre anúncio.[6]

Já vimos que humildade quer dizer coragem, a coragem da alegria. Alegria e humildade progridem ou regridem, simultaneamente, como muito bem percebeu G. K. Chesterton, no seu breve mas denso ensaio de 1901 sobre a humildade:

> Segundo a nova filosofia da autoestima e da autodeterminação, a humildade é um vício [...] que acompanha todas as grandes alegrias da vida com a precisão de um relógio. Por exemplo, nunca ninguém esteve apaixonado sem abandonar-se a uma verdadeira orgia de humildade. [...] Se hoje a humildade foi

---

[6] Joseph RATZINGER, *Il sale della terra*, San Paolo, Cinisello Balsamo 1997, pp. 42-43.

desacreditada como virtude, não será totalmente supérfluo observar que este descrédito coincide com o grande regresso da alegria na literatura e na filosofia contemporâneas. [...] Quando estamos genuinamente felizes, pensamos que não merecemos a felicidade. Mas, quando pretendemos uma emancipação divina, parece-nos que temos a certeza absoluta de não merecer nada.[7]

Portanto, alegria e humildade. As duas ou estão de pé ou caem juntas. Falta uma pequena tessela intermédia, uma pequena peça, que, no entanto, está muito presente no homem e no Papa bávaro: o humor. Para Bento XVI, a alegria e o humor estão (também) intimamente ligados. Na conclusão do seu ensaio de teologia dogmática, *Il Dio di Gesù Cristo*, escreve:

> Por isso, uma das regras fundamentais para o discernimento dos espíritos poderia ser a seguinte: onde falta a alegria, onde morre o humor, também não está o Espírito Santo, o Espírito de Jesus Cristo. E vice-versa: a alegria é um sinal da graça. Quem está profundamente sereno, quem sofreu sem que, por isso, tenha perdido a alegria, não está longe do Deus do Evangelho, do Espírito de Deus, que é o Espírito da alegria eterna.[8]

---

[7] Gilbert K. CHESTERTON, *L'imputato. In difesa di ciò che c'è di bello nel brutto del mondo,* Lindau, Turim 2011, p. 102.

[8] Joseph RATZINGER, *Il Dio di Gesù Cristo,* Queriniana, Bréscia 1978, p. 129.

Jacques Maritain dizia que uma sociedade que perde o sentido do humor prepara-se para o seu funeral.

Humor como caminho para a alegria; o *sense of humour*, como maneira divertida (no sentido mais sadio do termo) de viver a vida, partindo do ponto fundamental: a essência do Cristianismo é a alegria, usando palavras de Chesterton, mestre do humor, "a alegria é o gigantesco segredo do cristão".[9] "A fé dá a alegria. Se Deus não está aqui, o mundo do Cristianismo é uma desolação e tudo se torna aborrecido, cada coisa é absolutamente insuficiente. [...] O elemento constitutivo do Cristianismo é a alegria. Alegria não no sentido de um divertimento superficial, cujo fundo também pode ser o desespero."[10] Se o mundo voltar as costas a Deus, diz-nos o Papa-teólogo, ex-Prefeito do antigo Santo Ofício, não se condena à falsidade, à blasfêmia, nem sequer à heresia, mas ao aborrecimento. Vem-me à mente a frase de C. S. Lewis (pronunciada quando ainda não se tinha convertido do ateísmo ao Cristianismo): "Os cristãos têm culpa, mas todos os outros são aborrecidos".[11] A afirmação de Lewis é uma paráfrase da célebre frase da *Chanson de Roland,* "Paien unt tort et crestiens unt dreit", "os pagãos têm culpa e os cristãos têm razão".

---

[9] Gilbert K. Chesterton, *Ortodossia,* Morcelliana, Bréscia 1980, p. 129 (nova ed. Lindau, Turim 2010).

[10] Ratzinger, *Il sale della terra*, cit., pp. 30ss.

[11] Clive S. Lewis, *Sorpreso dalla gioia. I primi anni della mia vita,* Jaca Book, Milão 2002, p. 157.

Outro não crente teve a mesma intuição, ao perceber, na antinomia alegria-aborrecimento, a essência e a novidade do magistério de Bento XVI: em dezembro de 2005, poucos meses depois do início do seu pontificado, Giuliano Ferrara comentava assim, no seu jornal *Il Foglio*:

> O Papa-professor, que precisamente era necessário depois do Papa-profeta, manda dizer *urbi et orbi* que o bem edifica e o pecado aborrece, que o bem torna-nos livres e o mal torna-nos escravos e envenena. Dito por ele, parece óbvio mas não é. [...] O meu instinto de não fiel diz-me que Bento XVI encontrou, no par de opostos "aborrecimento-alegria", o modo de explicar que não se trata do problema dos "valores", palavra ambígua e incômoda sobretudo quando frequentemente repetida, mas do problema dos "significados". A crise dos valores gera comportamentos banalmente imorais e discursos banalmente moralistas; mas a crise dos significados, ela sim, gera aborrecimento, faz adormecer a mente, entorpece a alma.[12]

---

[12] Giuliano FERRARA, "Impariamo dalle parole del papa qualcosa sul significato della vita", *Il Foglio*, 12 de dezembro de 2005. O editorial do diretor de *Il Foglio* referia-se especialmente à homilia de quatro dias antes, oito de dezembro de 2005, outro "texto fundamental" para se compreender o sentido do pontificado de Bento XVI, em que o Papa afirmou, com força, que o pecado é fastidioso e a vida de fé alegre, porque se, de um lado, "o mal envenena sempre, não levanta o homem, mas abaixa-o e humilha-o, não o torna maior, mais puro e mais rico, antes prejudica-o e faz com que se torne menor", do outro, a lição que "devemos sobretudo aprender, no dia da Imaculada: o homem que se abandona totalmente nas mãos de Deus não se torna um fantoche de Deus, uma pessoa enfadonhamente consenciente; ele não perde a sua

Joseph-Bento, o Papa-professor depois do Papa--profeta, o pescador depois do pastor, desperta o homem do terceiro milênio do seu torpor servil e fá-lo levantar--se, eleva-o à necessária ascese e isto pode realizar-se porque, como confirma em *Il sale della terra:*

> A fé torna o homem mais leve, o que se pode ver nos Padres da Igreja, sobretudo na teologia monástica. Crer significa tornar-se como os anjos, como dizem os Padres. Podemos voar porque já não somos um peso para nós mesmos, porque já não nos levamos tão dramaticamente a sério. Tornar-se crente significa tornar-se leve, sair de um centro de gravidade que nos faz tender para baixo, e subir para a liberdade e para a leveza da fé.[13]

Dez anos depois da primeira entrevista concedida a Peter Seewald, Bento XVI retomará este argumento "angélico" quando, em setembro de 2006, tendo chegado à Baviera, der uma entrevista televisiva a uma *pool* de *network* alemãs, aceitando responder a uma pergunta sobre que papel têm na vida de um Papa "o humor e a leveza do ser", e com humor humilde admitirá que não é um humorista:

---

liberdade. Só o homem que se entrega totalmente a Deus encontra a verdadeira liberdade, a vastidão, grande e criativa, da liberdade do bem. O homem que se dirige a Deus não se torna menor, mas maior, porque, graças a Deus e juntamente com Ele, torna-se grande, torna-se divino, torna-se verdadeiramente ele próprio".

[13] RATZINGER, *Il sale della terra*, cit., p. 32.

Não sou um homem que se lembre continuamente de anedotas. [...] Considero muito importante, e diria que também é necessário para o meu ministério, que eu saiba ver também o aspeto divertido da vida e a sua dimensão alegre e não levar tudo tão tragicamente. Um escritor disse que os anjos podem voar porque não se levam demasiado a sério. Talvez também nós pudéssemos voar um pouco mais, se não déssemos a nós próprios tanta importância.[14]

É evidente que "um escritor" é Chesterton, um autor que foi emergindo, progressiva e sorrateiramente, e aprendemos a conhecer nesta breve investigação que, agora, se encaminha para a conclusão. Um autor, que Joseph Ratzinger também conhece, que nos ajudará

---

[14] O fato de declarar-se "um homem a quem não vêm sempre à mente anedotas" mostra, antes de tudo, um certo *sense of humour,* o verdadeiro, fundamentado na humildade e na autoironia, o que aliás não é totalmente verdade. Por exemplo, alguns dos seus alunos, como o cardeal Christoph Schönborn, falam do humor do professor Ratzinger: "Quem lidou com ele – contou o arcebispo de Viena ao *Avvenire,* por ocasião do octogésimo aniversário do Papa – sempre viu como era amável e extraordinariamente capaz de ouvir, dotado de um humor fino e espontâneo e com uma enorme sensibilidade para com os mais simples, com a chamada arraia miúda". Um humor fino e espontâneo que, por exemplo, o leva a dizer inesperadamente uma graça no termo dos exercícios espirituais, no dia três de março de 2007, orientados pelo cardeal Giacomo Biffi, também ele conhecido pela sua ironia cáustica: "Por fim, gostaria de agradecer-lhe pelo seu realismo, pelo seu humor e pela sua concretude; até a teologia, um pouco audaciosa de uma empregada sua: eu não ousaria submeter estas palavras "talvez o Senhor também tenha os seus defeitos", ao juízo da Congregação para a Doutrina da Fé. Mas, em todo caso, aprendemos e os seus pensamentos, senhor Cardeal, acompanhar-nos-ão não somente nas próximas semanas".

nesta parte final que marca o encontro entre a humildade e o humor. Não era a primeira vez que Joseph--Bento citava o romancista inglês, inventor da famosa figura do pequeno padre-detetive Brown. Por exemplo, no ensaio *Servitori della vostra gioia. Meditazioni sulla spiritualità sacerdotale*, de 1988, precisamente para falar da humildade, tinha-o nomeado explicitamente tomando de empréstimo uma sua afirmação: "Sem conversão não nos aproximamos de Jesus nem do Evangelho. Há um paradoxo de Chesterton, que exprime de maneira apropriada esta relação: conhece-se um santo pelo fato de ele reconhecer-se pecador".[15]

A verdade é que a humildade e o humor andam sempre juntos. Já vimos anteriormente que a humildade tem uma "irmã", a gratidão; mas a família alarga-se, pois também tem um irmão, o humor; assim, estas três virtudes formam um único grupinho. Quem vive a virtude da gratidão[16] também saberá rir, considerando a

---

[15] Joseph RATZINGER, *Servitori della vostra gioia. Meditazioni sulla spiritualità sacerdotale,* Àncora, Milão, p. 109. Na realidade, esta citação foi tirada de um texto do cardeal Suenens, *Rinnovamento e potenza delle tenebre* (EP, Milão 1982), que, muito provavelmente, cita a seguinte frase de Chesterton: "Longe de ser o melhor, o santo não ofende a dignidade dos seus semelhantes. Não reivindica nenhuma superioridade sobre eles. Simplesmente está mais consciente da sua inferioridade", tirada de Gilbert K. Chesterton, *Una breve storia d'Inghilterra,* Rubbettino, Soveria Mannelli 2003, p. 16.

[16] Chesterton é o grande poeta da gratidão e, sobre isto, as citações poderiam ser centenas. Escreve, por exemplo, in *Ortodossia:* "A medida de toda a felicidade é a gratidão. Todas as minhas convicções são representadas por esta adivinha que me tem impressionado desde criança: "O que disse o primeiro pigmeu?" A resposta é esta: "Senhor, como me

O Papa do humor e da alegria

vida como um dom (pelo que é bom agradecer), e não se enfatuará nem se vangloriará, mas estará pronto para uma ironia indulgente e afável e sobretudo consigo próprio, autoironizando-se. Também etimologicamente, humildade e humor estão intimamente ligados, dado que provêm da palavra latina *humus,* húmus, terra, e as três – humildade, humor e húmus – estão ligadas a *humanitas,*[17] humanidade. Quem é *humi acclinis,* quem é "terra a terra", como os *anawím* da Bíblia e os *hobbits* que vivem nos buracos da Terra Média, também é capaz de voar, de ser leve, de rir (de si) e de sorrir (aos outros, ao mundo e à vida). É interessante ler por extenso a primeira citação chestertoniana de Bento XVI, aquela que refere os anjos, em que o Pontífice alemão reconhece que não basta a humildade, mas que também é preciso o *sense of humour* para se ser Papa:

---

fazes saltar bem!" É um resumo de tudo o que eu estou a dizer: Deus faz saltar o pigmeu e o pigmeu está contente por saltar", CHESTERTON, *Ortodossia* cit., p. 75.

[17] Como observa o teólogo anglicano John Macquarrie: "Os antigos gramáticos latinos consideravam que as palavras *Humilitas* e *humanitas* derivavam ambas de *humus,* terra. O humilde permanece inclinado para a terra e acreditava-se que os seres humanos têm corpos formados de terra. E, assim, não só porque pensamos na humildade de Deus mas também na sua humanidade, dirigimos a nossa atenção para esta conotação terrena. Trata-se de um corretivo necessário quando pensamos em Deus, porque nos parece mais natural pensar na sua essência celeste. Mas Ele é tanto o Deus da terra como o Deus do céu. É chamado o Altíssimo, mas gosta de ser conhecido como o mais humilde". John MACQUARRIE, *L'umiltà di Dio. Meditazione sul mistero della salvezza cristiana,* Jaca Book, Milão 1979, p. 9.

Uma característica dos grandes santos é o seu poder de leveza ou ligeireza. Os anjos podem voar porque não se levam muito a sério. [...] O orgulho não pode elevar-se à leveza e à levitação. O orgulho é o arrastar--se de todas as coisas numa solenidade fácil. [...] A seriedade não é uma virtude. Mas, por outro lado, também seria uma heresia muito mais judiciosa dizer que a seriedade é um vício. Na verdade, há uma tendência ou decadência natural para nos levarmos a sério porque é a coisa mais fácil de fazer. [...] A solenidade deriva naturalmente dos homens; o riso é um impulso. É fácil ser pesado, difícil é ser leve. Satanás caiu pela força de gravidade.[18]

O poeta argentino Borges sugeria que se evitasse a solenidade, "simulacro da dignidade e da sabedoria".[19] Ser "grave", solene, é um risco terrível para o cristão. Outro escritor inglês católico, Anthony Burgess, no epílogo do seu "evangelho apócrifo", *L'uomo di Nazareth. L'amore di Dio in parole povere,* punha frente a frente os cristãos que sabem jogar o "jogo do Reino de Deus" e aqueles que se opõem a eles:

> [...] porque tomam a vida demasiado a sério. Jesus e os seus homens não tomaram a vida absolutamente nada a sério. Como já vimos, Mateus teve de ser salvo de levá-la demasiado a sério, mas os outros que o seguiram eram homens que não possuíam nada e que, por isso, não tinham nada para poderem levar

---

[18] CHESTERTON, *Ortodossia* cit., pp. 165ss.
[19] Jorge L. Borges, *A/Z,* Mondadori, Milão 1985, p. 178.

a sério. É um perigo ser-se proprietário de coisas; ser dono de um império é a loucura terminal de tomar as coisas a sério. [...] Não se pode dizer que o reino dos céus prometido como recompensa do amor ainda nos nossos dias tenha a probabilidade de superar na corrida o reino dos sérios, a que também podemos chamar o reino de César. [...] Jesus de Nazaré tinha visto claramente a concatenação das coisas e tinha implorado aos homens que fossem insignificantes e transitórios como os lírios do campo e que praticassem (coisa impossível aos lírios) o jogo da tolerância e da caridade de amor.[20]

Esta ideia da luta que existe no mundo é algo que também encontramos nas páginas de Joseph-Bento, Papa "com sentido de humor" e disposto a rir, não porque a vida seja um passeio pelo campo, mas precisamente porque é uma luta, uma batalha, porque é uma coisa muito séria e, portanto, que não deve ser levada a sério nem muito solenemente. É um pouco como a brincadeira para as crianças que a enfrentam como a máxima seriedade: rir e brincar é a coisa mais séria que nos toca viver nesta terra e, neste sentido, quando o fazemos, já antecipamos o paraíso porque, segundo C. S. Lewis, "a alegria é o que há de mais sério no paraíso".[21]

---

[20] Anthony BURGESS, *L'uomo di Nazareth. L'amore di Dio in parole povere,* Editoriale Nuova, Milão 1976, pp. 443ss.

[21] Clive S. LEWIS, *Lettere a Malcom,* Neri Pozza, Vicenza 1997, p. 104. Escreve Lewis, outro autor muito importante para se compreender melhor o pontificado de Bento XVI: "Não creio que a vida no paraíso tenha qualquer analogia com o jogo ou o baile enquanto frivolidade. [...] É só nas 'horas de recreio', só nos momentos de festividade lícita que podemos encontrar uma analogia. Cá em baixo, a dança e o jogo

Bendita humildade

A vida é uma coisa séria; por isso (também) alegra, diverte, porque, como recorda o habitual Chesterton, qualquer um pode pensar que "divertido é o oposto de sério. Divertido é o oposto de não divertido e de mais nada".[22] O paradoxo da vida terrena como antecipação da alegria celeste (Lewis) e como "sério divertimento" (Chesterton) encontram-se ambos num breve e profundo ensaio de 1952 que Ratzinger conhece bem, *L'homo ludens, O homem que brinca,* de Hugo Rahner, genial teólogo alemão, irmão do bem conhecido Karl Rahner. Neste ensaio, H. Rahner defende que, antes de tudo, também o Deus criador brinca; por isso, também o homem, o cristão e a Igreja fazem o mesmo, isto é, brincam, antecipando assim a vida futura no Deus *Ludens.* Esta imagem do futuro é válida

> também para a figura terrena da própria Igreja, dos seus sacramentos (sinais visíveis da graça invisível), do seu jogo litúrgico. [...] É aqui que se esconde a raiz teológica do ensino de R. Guardini, acerca da liturgia como jogo/brincadeira divinos. A Igreja do *Logos* encarnado velará sempre o seu mistério íntimo na plenitude da atitude harmoniosa, do passo ritmado

---

são frívolos e não têm importância, porque este não é o seu lugar natural. Aqui representam apenas um instante de tréguas na existência em que fomos criados para viver na terra. Mas, neste mundo, tudo está subvertido: o que − se aqui se pudesse prolongar, equivaleria a faltar às aulas − é mais do que provável que, num mundo melhor, seja o fim último. A alegria é o que de mais sério existe no paraíso".

[22] Gilbert S. CHESTERTON, *Eretici,* Piemme, casale Monferrato 1998, p. 152 (nova ed., Lindau, Turim 2010).

e das roupas nobres. Será sempre a "Igreja que joga/brinca". Porque para ela, a carne, o homem, tem uma seriedade divina. A partir daqui, entramos numa didática que não se enquadra exatamente na dogmática de escola, mas que era muito mais vivamente estudada nas celas secretas dos místicos: é a doutrina do divino jogo/brincadeira da graça eletiva. O místico cristão é um homem que lança o seu olhar para além das coisas, para o inefável. [...] De fato, a Igreja e a graça são unicamente o prelúdio terreno daquele fim que é o eterno princípio da bem-aventurada visão de Deus. Prelúdio: de fato, do lado de cá, tudo não passa de um jogo, de uma brincadeira infantis, por mais sério e decisivo que seja. [...] O jogo autêntico e a alegria sem fim só têm o seu início no além-terra.[23]

Liturgia, vida como prelúdio e, sobretudo, dimensão mística e escatológica: se não se considerarem presentes estes aspetos, arriscar-nos-emos a não perceber o cerne do pontificado de Joseph Ratzinger. Num de seus grandes discursos, em Paris, aos homens da cultura, no dia 12 de setembro de 2008, no quadro do Colège des Bernardins, o Papa falou da obra dos monges medievais, artífices da salvação do "dilúvio" das invasões bárbaras de toda a cultura e da arte pré-cristã, sublinhando a dimensão escatológica da cultura. Segundo o Papa, aqueles monges não quiseram dar vida a uma importante operação cultural (que também realizaram), mas mais simplesmente *"quaerere Deum"*, procurar Deus.

---

[23] Hugo RAHNER, *L'homo ludens,* Paideia, Bréscia 2011, pp. 53-57.

Na confusão dos tempos em que nada parecia resistir, eles queriam fazer a coisa essencial: empenhar-se em encontrar o que tem sempre valor e permanece, encontrar a própria Vida. Andavam à procura de Deus. A partir das coisas secundárias, eles queriam passar às essenciais, àquilo que, de per si, é verdadeiramente importante e confiável. Diz-se que eram orientados de maneira "escatológica". Mas isto não deve ser entendido em sentido cronológico, como se olhassem para o fim do mundo ou para a sua morte, mas em sentido existencial: por detrás das coisas provisórias procuravam o infinito. *Quaerere Deum:* como eram cristãos, não se tratava de uma expedição num deserto sem estradas ou de uma busca em direção à escuridão absoluta. O próprio Deus tinha plantado sinais de percurso, aliás, tinha aberto e aplanado um caminho, e a tarefa consistia em encontrá-lo e segui-lo.

Para Bento XVI, o homem de cultura é um místico e, como diz H. Rahner, deve ser "um homem que lança o seu olhar para além das coisas, para o inefável". O elã místico não apaga o empenhamento "mundano", a necessidade de seguir aquele percurso confiando-se aos sinais que Deus tinha plantado a favor dos homens, escolhendo o caminho paradoxal da encarnação. O homem místico é sempre um *homo viator,* um peregrino que tem de seguir o seu duro caminho. Eis por que a vida é uma coisa séria (e divertida). O que, segundo Joseph-Bento, é uma coisa séria porque é uma luta e a batalha trava-se entre os sérios e os alegres, entre os escravos do *Eu* e as pessoas interiormente livres,[24] entre a alegria e o tédio. Para Santo Agostinho existem duas cidades, duas comunidades de cidadãos; para Goethe, escreve Ratzinger na última página do livro *Il sale della terra*:

> A história é uma luta total, entre a fé e a incredulidade. Santo Agostinho via-a um pouco diferentemente e falava de uma luta entre dois tipos de amor, entre o amor de Deus, até a renúncia de si mesmo, e o amor de si próprio, até renunciar a Deus. [...] Em geral, a história e a luta entre o amor e a incapacidade de amar, entre o amor e a resposta negativa ao amor. É o que ainda hoje continuamos a experimentar, quando a afirmação da autonomia do homem se aventura tanto, que ele diz: não quero amar absolutamente nada, porque, desse modo, tornar-me-ia dependente, o que se opõe à minha liberdade. De fato, amor

---

[24] A dupla humildade-humor é o sinal inequívoco da liberdade interior. Por ocasião da comemoração fúnebre do cardeal jesuíta Tomáš Špidlík, no dia 20 de abril de 2010, Bento XVI pronunciou estas palavras: "Penso que os grandes homens de fé vivem mergulhados nesta graça, têm o dom de perceber com uma força muito especial esta verdade e, assim, podem atravessar até duras provações, como as que atravessou o padre Tomáš Špidlík, sem perder a confiança e conservando também um vivo sentido de humor que é certamente um sinal não só de inteligência, mas também de liberdade interior. Neste aspeto, era evidente a semelhança entre o nosso chorado cardeal e o venerável João Paulo II, ambos inclinados a frases espirituosas e à brincadeira, embora tivessem vivido, na juventude, peripécias pessoais difíceis e, em certos aspetos, semelhantes. A Providência fez com que se encontrassem e colaborassem para o bem da Igreja, especialmente para que ela aprenda a respirar plenamente 'com ambos os pulmões', como gostava de dizer o Papa eslavo. Esta liberdade e presença de espírito têm o seu fundamento objetivo na Ressurreição de Cristo".

significa depender de alguma coisa, de alguma coisa que me pode ser tirada, o que põe a minha vida em grande risco.[25]

A incapacidade de amar forma um todo com a incapacidade de exultar, a máxima chaga do homem contemporâneo, segundo Bento XVI, o papa da alegria:

> A pobreza mais profunda é a incapacidade de alegria, o tédio da vida considerada absurda e contraditória. Hoje, esta pobreza está muito difundida, em formas muito diferentes, tanto nas sociedades materialmente ricas como nos países pobres. A incapacidade de alegria supõe e produz a incapacidade de amar, produz a inveja, a avareza – todos os vícios que devastam a vida dos indivíduos e o mundo.[26]

O mundo é um campo de batalha e os contendores são dois amantes: Deus e o homem. À proposta de Deus corresponde a resposta do homem que também pode ser negativa. O homem pode dizer *não* a Deus: é o drama da liberdade, este dogma tão belo que até não parece verdadeiro e que, por isso, é rejeitado; é o mistério de um Deus humilde que se põe nas mãos dos homens que também podem deitá-lo fora como algo de supérfluo. Ou, então, o homem pode dizer *sim* a Deus. À humildade de Deus pode corresponder a humildade do homem que diz *Deus* em vez de *mim*. "A vida cristã começa com um

---

[25] RATZINGER, *Il sale della terra* cit., pp. 319ss.
[26] O trecho foi tirado do discurso do card. Ratzinger, de 10 de dezembro de 2000, por ocasião do Jubileu dos catequistas e dos professores de religião.

chamamento e permanece sempre uma resposta até o fim", afirmou Bento XVI, no dia 4 de março de 2011, quando falava aos seminaristas romanos.

Como com as crianças, também com os seminaristas e os sacerdotes este Papa dá o melhor de si. Antes de tudo, porque se trata de encontros "dialógicos", em que Ratzinger pode mostrar o seu rosto mais autêntico de homem de diálogo e de escuta, e pode concentrar-se no essencial, nos pontos fortes da sua reflexão de professor de Teologia (muitos de nós encontramo-lo nas páginas anteriores): a alegria, a humildade, o serviço, a vida como resposta, as virtudes escondidas do cristão como a pequenez, a leveza, a discrição, viver com os outros e para eles. Ao sacramento do sacerdócio Bento XVI quis dedicar um ano inteiro, entre 2009 e 2010, indicando, na humilde e discreta figura do Cura d'Ars, o modelo para todos os padres católicos. Na missa de 11 de junho de 2010, para concluir o Ano Sacerdotal, o Papa sublinhou a humildade de Deus:

> Serve-se de um pobre homem para, através dele, estar presente aos homens e agir a favor deles. Esta audácia de Deus − que se confia a seres humanos e, embora conheça as nossas debilidades, considera os homens capazes de agir e de estar presentes em sua vez – esta audácia de Deus é a coisa verdadeiramente grande que se esconde na palavra "sacerdócio". Que Deus nos considere capazes disto; que, por isso, chame homens para o seu serviço e, deste modo, se ligue a eles por dentro, é o que neste ano queríamos novamente

considerar e compreender. Queríamos despertar a alegria por Deus estar tão próximo de nós e a gratidão pelo fato de Ele se confiar à nossa debilidade; que Ele nos conduza e nos sustente dia a dia. Assim, também queríamos mostrar novamente aos jovens que esta vocação, esta comunhão de serviço por Deus e com Deus, existe – e até que Deus está à espera do nosso "sim".

O sacerdote é um pobre homem tal como também o Papa não é mais do que "ninguém", como recordou na catequese pública de 24 de maio de 2006 quando, ao deter-se na figura de Pedro, afirmou:

A escola da fé não é uma marcha triunfal, mas uma caminhada cheia de sofrimento e de amor, de provações e de fidelidade que deve renovar-se todos os dias. Pedro, que tinha prometido fidelidade absoluta, conheceu a amargura e a humilhação do renegamento: o ousado e arrogante aprende a humildade à sua custa. Quando, finalmente, lhe cai a máscara e compreende a verdade do seu coração débil de pecador crente, explode num libertador pranto de arrependimento. Depois deste choro, já está pronto para a sua missão.

Em 1905, Chesterton escreveu uma página admirável sobre o "nada" de que Pedro é feito:

Cristo não escolheu como pedra angular o genial Paulo ou o místico João, mas um trapaceiro, um *snob,* um cobarde, numa palavra, um homem. E foi sobre esta pedra que Ele edificou a sua Igreja e as portas do

Inferno não hão de prevalecer contra ela. Por causa desta intrínseca e constante debilidade, ruíram todos os impérios e todos os reinos fundados por homens fortes sobre homens fortes. Mas só há uma única coisa, a Igreja cristã histórica, que é indestrutível porque fundada sobre um homem débil. Porque nenhuma corrente é mais forte do que o seu elo mais fraco.[27]

Não há nenhum triunfalismo neste reconhecimento da sua própria fragilidade. Joseph-Bento, Papa alegre e penitencial, conhece bem o paradoxo da Igreja (também é aluno de Henri de Lubac), que caminha na história, apesar de ela estar cheia de pecado, precisamente porque está cheia de pecado, justamente porque é animada pelo Espírito Santo. No dia sete de março de 2000, ao encerrar a conferência de imprensa sobre a jornada da purificação da memória querida por João Paulo II para o Jubileu, o então cardeal Prefeito do antigo Santo Ofício citou a famosa anedota do cardeal Ercole Consalvi, secretário de Estado de Pio VII, que, a um embaixador que lhe acabara de dizer, "Eminência, Napoleão quer destruir a Igreja!", prontamente respondeu: "Não conseguirá. Se nem nós, os sacerdotes, o conseguimos!...".[28]

Nenhum triunfalismo: é uma lição dura para o cristão aprender a humildade e aprendê-la de um Deus humilde que se põe nas suas mãos. O Ano Sacerdotal

---

[27] CHESTERTON, *Eretici*, cit., p. 44.

[28] Episódio citado *in* Paolo RODARI e Andrea TORNIELLI, *Attacco a Ratzinger. Accuse e scandali, profezie e complotti contro Benedetto XVI*, Piemme, Casale Monferrato 2010.

declarado pelo Papa desenrolou-se no período do máximo ataque à Igreja, "bombardeada" quase diariamente, pelas acusações que, das várias partes do mundo, choveram sobre ela por causa das denúncias relacionadas com os escândalos e os abusos sexuais, realizados precisamente por sacerdotes. Para o Papa, esta coincidência temporal foi uma lição dura, mas providencial, um banho de humildade que levou à redescoberta da necessidade de penitência e purificação de que a Igreja sempre necessita. A resposta que este Papa deu ao ciclone dos escândalos foi, para alguns, surpreendente, mas está perfeitamente em linha com tudo o que o cardeal e depois Sumo Pontífice sempre tem pregado. Ainda por ocasião do encerramento do Ano Sacerdotal, Bento XVI afirmou:

> Se o Ano Sacerdotal devesse ter sido uma glorificação da nossa prestação humana pessoal, teria sido destruído por estas vicissitudes. Mas, para nós, tratava-se exatamente do contrário: tornarmo-nos gratos pelo dom de Deus, dom que se esconde "em vasos de barro" e que sempre de novo, por meio de toda a debilidade humana, torna concreto neste mundo o seu amor. Assim, consideramos tudo o que aconteceu uma tarefa de purificação, uma tarefa que nos acompanhará no futuro e que, muito mais, nos fará agradecer e amar o grande dom de Deus. Deste modo, o dom torna-se obrigação de correspondermos à coragem e à humildade de Deus com a nossa coragem e a nossa humildade. A palavra de Cristo, que cantamos como canto de entrada na liturgia hodierna, pode

dizer-nos, nesta hora, o que significa tornar-se e ser sacerdote: "Tomai sobre vós o meu jugo e aprendei de mim, porque sou manso e humilde de coração" (Mt 11,29).

Então, ser sacerdote significa ser um pequeno ponto luminoso da história, um ponto que reflete não a sua luz mas a glória de um Deus que se faz homem e morre na cruz por todos os homens: "Então compreendemos também o que significa: Deus quer que nós como sacerdotes, num pequeno ponto da história, compartilhemos as suas preocupações com os homens".

Para ser sacerdote, para ser cristão, é necessária a conversão do coração, é preciso dizer sim ao Outro e aos outros, é preciso confiar-se, o que passa inevitavelmente pela via da humildade:

> "Conversão" (*metánoia*) significa sair da autossuficiência, descobrir e aceitar a sua própria indigência – indigência dos outros e do Outro, do seu perdão e da sua amizade. A vida não convertida é autojustificação (eu não sou pior que os outros): a conversão é a humildade de confiar-se ao amor do Outro, amor que se torna medida e critério da minha própria vida.[29]

Amor humilde como medida da vida, um amor que nasce do "sim" a Deus, o "sim" da fé.[30] Mas a fé

---

[29] *Ibidem.*

[30] Cf. o trecho da segunda carta de São Paulo apóstolo aos Coríntios (1,18-22): "Mas Deus é testemunha de que a nossa palavra dirigida a vós não é 'sim' e 'não'. Pois o Filho de Deus, Jesus Cristo, aquele que foi por nós anunciado entre vós, por mim, por Silvano e por Timóteo,

está ligada à nossa capacidade de alegria: "A alegria profunda do coração é também o verdadeiro pressuposto do humor e, assim, o humor, sob determinado aspeto, é um índice, um termômetro da fé",[31] como afirmou num ensaio de 1980.

É necessária a humildade da pequenez, aquela de que fala Chesterton: "A humildade é a arte voluptuosa de nos reduzirmos a um ponto; não a uma coisa pequena ou grande, mas a uma coisa de tal maneira absolutamente sem dimensões, que, diante dela, todas as entidades do cosmo são incomensuráveis, isto é, são o que são na realidade".[32] Humildade como verdade (Paulo VI), como sentido da realidade. Humildade também como coragem, a audácia louca dos grandes santos que corresponde à audácia de Deus que se confia aos homens tão débeis e frágeis: é necessário "ousar de novo com a humildade do pequenino grão de trigo", como recorda Ratzinger ainda no seu discurso de 10 de dezembro de 2000 aos catequistas e aos professores de religião,

> deixando a Deus, quando e como crescerá (cf. Mc 4,26-29). As grandes coisas começam sempre a partir

---

não foi um 'sim' e um 'não', mas unicamente um 'sim'. Nele, todas as promessas de Deus se tornaram 'sim' e é por isso que, graças a Ele, nós podemos dizer o 'amém' para glória de Deus. Aquele que nos confirma juntamente convosco em Cristo e nos dá a unção é Deus, Ele que nos marcou com um selo e colocou em nossos corações o penhor do Espírito".

[31] RATZINGER, "La fede è realmente un 'lieto messaggio'?", in François--Xavier Durrwell (dir.), *Chiamati alla libertà*, cit., pp. 156-157.

[32] CHESTERTON, *L'imputato* cit., p. 105.

do um pequenino grão e os movimentos de massa são sempre efêmeros. Na sua visão do processo da evolução, Teilhard de Chardin fala do "branco das origens" (*le blanc des origines*): o início das novas espécies é invisível e a investigação científica não poderá encontrá-las. As fontes estão escondidas – demasiado pequenas. Por outras palavras, as grandes realidades começam na humildade. [...] "Não foi por seres grande que te escolhi; mas, ao contrário, porque és o menor dos povos: escolhi-te porque amo-te...", diz o Senhor ao povo de Israel, no Antigo Testamento, e exprime o paradoxo fundamental na história da salvação: Deus não conta com os grandes números; o poder exterior não é o sinal da sua presença.

Talvez esta "linha teológica" do pontificado de Bento XVI, feito de uma fé humilde e não séria ou solene, ainda escape aos *mass media* que se ocupam da Igreja católica.

A 20 de agosto de 2011, um atento observador como Alberto Melloni escreveu, no *Corriere della Sera*, um artigo vibrante sobre a afasia da Igreja, incapaz, a todos os níveis, de dizer uma palavra sobre a crise atual do mundo ocidental:

Neste remexer-se da história (por agora ainda incruento, como em 1929 e em 1989), a Igreja é parca em palavras que, no entanto, possui. Estes não são os tempos de Gregório Magno que, diante do fim de uma era, reúne o povo na basílica para explicar o profeta Ezequiel. Não são os tempos do papa João que, na ascensão do fatalismo atômico, demonstra a não fundamentação dos parâmetros doutrinais da guerra justa. São os nossos tempos, em que a geração do bem-estar mais prepotente sente que deixa aos seus filhos os escombros de um desastre político e moral. E, neste tempo, a Igreja, no sentido mais amplo do termo, está como que retraída: articula vagarosamente as já gastas condenações dos "ismos", sussurra coisas óbvias ou do seu interesse, como se também para ela fosse pouco legível uma realidade que grita de todos os horizontes.[33]

Dois dias antes, a 18 de agosto, no avião em que voava para Madri, para o Dia Mundial da Juventude, o padre Federico Lombardi, seu porta-voz, fazia a Bento XVI uma pergunta análoga, sobre os sinais da crise e da descristianização. Foi pronta a resposta do Papa, sempre na linha da pequena semente que morre no *húmus,* fecundando-o:

> A sementeira de Deus é sempre silenciosa, não aparece imediatamente nas estatísticas. [...] Perde-se muito – e isto é humano. Por outras palavras do Senhor: o grão de mostarda é pequenino, mas cresce e torna-se uma grande árvore. Por outras palavras, certamente perde-se muito e não podemos dizer imediatamente: a partir de amanhã recomeça um grande crescimento da Igreja. Deus não age assim. Mas cresce em silêncio e muito.

---

[33] Cf. http://archiviostorico-corriere.it/2011/agosto/20/Segnare_svolta_epoca_parole:que_co_9_110820093.shtml.

Esta teologia do "pequenino", do ser cristão como um pequeno ponto luminoso na história, aliás, opaca, dos homens, faz lembrar uma tocante reflexão de C. S. Lewis, outro escritor inglês, apologeta com um fino *sense of humour*, como Chesterton, que já encontramos e que Joseph Ratzinger citou frequentemente:

> Depois que o conhecimento de Deus se tinha universalmente perdido ou obscurecido, identificou-se um homem entre todos os homens da terra (Abraão); foi separado (e, podemos supor de modo bastante penoso) do seu ambiente natural e foi enviado para um país estrangeiro e tornado o antepassado de uma nação que haveria de transmitir o conhecimento do verdadeiro Deus. No interior desta nação, há outras seleções – alguns morrem no deserto, alguns permanecem na Babilônia – e, depois, ainda outras seleções. O processo avança restringindo cada vez mais o seu campo até que, por fim, concentra-se num pequeno ponto luminoso semelhante à ponta de uma espada. É uma rapariga hebreia absorta em oração. Toda a humanidade (no que se refere à sua redenção) restringiu-se unicamente a ela. Esse processo é muito diferente do tudo o que a sensibilidade moderna quereria; mas, surpreendentemente, é precisamente o que, habitualmente, se produz na natureza, cujo método é a seleção.[34]

Na grande maioria dos seus discursos, o Papa começa com uma saudação de gratidão jubilosa,

---

[34] Clive S. Lewis, *La mano nuda di Dio,* GBU, Roma 1987, p. 134.

agradecendo a ocasião que lhe é concedida de falar e conclui com uma referência a Maria de quem é especialmente devoto. E esta breve reflexão sobre o tema da humildade não podia concluir-se, sem falar brevemente de Maria, a autora do "sim" mais importante da história.

Se a humildade significa "dizer sim", Maria é realmente o ícone vivo desta virtude escondida e para ela convergem todos os aspetos sobre que falamos até aqui. Como disse o Papa, no *Angelus* de 17 de dezembro de 2009, "para transformar o mundo, Deus escolheu uma humilde rapariga de uma aldeia da Galileia. [...] Com a ajuda de Maria ofereçamo-nos a nós mesmos com humildade e confiança, para que o mundo acolha Jesus Cristo, que é a fonte da verdadeira alegria". Humildade, coragem e alegria, tudo naquele "sim" de Nazaré, pequena aldeia da Galileia, extrema periferia do império de César, onde o Deus feito homem escolheu viver durante 30 anos, no mais completo escondimento. Foi lá, na casa de Nazaré, que Cristo aprendeu a humildade e a obediência, isto é, a capacidade de "dizer sim", porque em Jesus Cristo só há "sim" (2Cor 1,19): "O que aprendeu Jesus de sua mãe? Aprendeu a dizer sim. Não uma palavra qualquer, mas esta palavra de consentimento que Ele diz continuamente, sem nunca se cansar. Tudo o que Tu queres, meu Deus... 'Eis a serva do Senhor; faça-se em mim segundo a tua palavra'".[35]

---

[35] Ratzinger, *Il Dio di Gesù Cristo*, cit., p. 81.

Também Bento XVI, Papa dos "sins", frequentou a escola de Maria de Nazaré. Num dos discursos mais intensos destes sete anos de pontificado, o da festa da Imaculada Conceição, de oito de dezembro de 2009, o Papa criticou a crueldade dos *mass media*, contrapondo o olhar frio e inquisidor dos meios de comunicação de massa ao olhar misericordioso de quem, como Maria, se coloca do lado de Deus e olha para o homem com amor: "A Senhora ensina-nos a abrirmo-nos à ação de Deus, para olhar os outros como Ele os olha: a partir do coração. E a olhá-los com misericórdia, com amor, com ternura infinita, especialmente os que estão mais sozinhos, os que são desprezados e explorados". Como sublinhava Henri de Lubac, mestre de Ratzinger, o Cristianismo é a religião dos paradoxos e a história da salvação é uma história paradoxal que passa pelos caminhos e pelas pessoas mais impensáveis. Desta história todos fazem parte, não existe a "neutralidade", e cada homem é chamado a ser, por fim no fundo, a sua pequena parte, porque mais ninguém pode realizá-la em seu lugar.

Ao concluir a primeira Via-Sacra "como Papa", no dia 14 de abril de 2006, Bento XVI afirmava:

> E foi deste modo que compreendemos que a Via-Sacra não é uma coisa do passado e de um determinado ponto da terra. A Cruz do Senhor abraça o mundo; a sua Via-Sacra atravessa os continentes e os tempos. Na Via-Sacra não podemos ser somente espectadores. Também nós somos envolvidos, porque devemos procurar o nosso lugar: onde estamos nós? Na Via-Sacra

não há a possibilidade de sermos neutrais. Pilatos, o intelectual cético, procurou ser neutral, ficar de fora; mas, mesmo assim, teve de tomar posição contra a justiça, pelo conformismo da sua carreira. Devemos procurar o nosso lugar.

Cada homem tem o seu lugar, é o último lugar de que fala a parábola (Lc 14,7-14), mas é aquele lugar, único e insubstituível, em que se joga a vida de cada um e de todos. Como diz um dos "amigos" mais queridos de Joseph-Bento, o bem-aventurado inglês John Henry Newman: "Eu tenho a minha missão, sou um elo da corrente, um vínculo de conexão entre pessoas. Ele não me criou para o nada. Farei o bem, realizarei a sua obra; serei um anjo de paz, um pregador de verdade, justamente no meu lugar".[36] A "corrente" da história da salvação desenvolve-se a partir do "sim" de Maria, passando pelos "sins" do menino Jesus à sua mãe até o "sim" de muitos servos da vinha do Senhor: "Devemos sentir-nos pequeninos diante de Deus", disse João Paulo I e Bento XVI recordou-no-lo, no dia 28 de setembro de 2008:

> E acrescentou: "Não me envergonho de sentir-me como uma criança diante da mãe: se ela acredita na mãe, eu creio naquilo que Ele me revelou". Estas páginas mostram toda a espessura e densidade da sua fé. Enquanto agradecemos a Deus por tê-lo dado à

---

[36] O trecho foi tirado da obra de Newman, *Meditations and devotions*, 312, 2. ed., e foi citado por Bento XVI na homilia para a missa de beatificação do venerável cardeal J. H. Newman, em Birmingham, a 19 de setembro de 2010.

Igreja e ao mundo, aproveitemos do seu exemplo, empenhando-nos em cultivar a sua humildade, que o tornou capaz de falar a todos, especialmente aos pequeninos e aos chamados distantes. Por isso, invoquemos Maria Santíssima, serva humilde do Senhor.

Antecedentes

Terça-feira, 19 de abril, de 2005, 17:44 horas, praça de São Pedro, centro do mundo. Sai fumaça branca.

Eu estava lá. Mas não era a primeira vez que eu via Joseph Ratzinger "ao vivo". Quatro anos antes, a nove de setembro, às nove horas da manhã (fácil de recordar: 9 do 9, às 9) dirigi-me ao Palácio do Santo Ofício juntamente com o meu primo Giovanni Locanto, para um encontro com o então cardeal Prefeito da Congregação para a Doutrina da Fé. Tinha-me sido concedido este encontro porque no ano precedente eu tivera a possibilidade de entrar naquele palácio para fazer um retrato fotográfico do Prefeito que, mostrando a sua conhecida disponibilidade, se tinha deixado fotografar pelo amigo Marco Delogu que, juntamente comigo, pouco depois, publicou o livro *Cardinali* (editado por Bruno Mondadori) com 50 fotos a preto e branco de outros tantos "príncipes da Igreja". Naquela ocasião, tínhamos falado durante alguns minutos e, depois, tínhamos trocado correspondência ao longo do ano; durante o verão, o cardeal tinha-me enviado um seu texto breve *pro manuscripto*, sobre *A teologia da liturgia* e, depois, quando lhe pedi uma audiência privada, concedeu-ma.

O meu primo Giovanni tinha acabado de publicar um breve ensaio filosófico sobre Vico, um filósofo de quem Ratzinger partira na sua célebre *Introdução ao Cristianismo,* tendo ficado feliz por participar no encontro (oferecendo o seu livro ao nosso anfitrião). Quando soaram as nove horas exatas, a porta do salão do Santo Ofício abriu-se e foi o próprio Prefeito quem a abriu. Diante de nós apareceu um homem pequeno, com voz doce e modos educados, que nos convidou a sentarmo-nos no sofá de veludo vermelho. Falamos durante cerca de 20 minutos, de filosofia obviamente, mas também de literatura. Experimentei levar a conversa para alguns autores que conheço bem, como G. K. Chesterton e C. S. Lewis, ambos ingleses (já os encontramos por diversas vezes nas páginas anteriores), que eram simultaneamente muito divertidos e muito argutos no seu diálogo com a sociedade moderna, tentando contar o mistério do homem e do mundo. Compreendi imediatamente que o meu interlocutor sabia muito mais do que eu sobre estes escritores, pois não só conhecia a sua "letra", mas também captara a sua essência: "São grandes escritores ingleses – disse, citando alguns títulos das obras maiores dos dois escritores –, porque conseguem falar de temas elevados e profundos, mas com leveza, com requintado *sense of humour.* Assim, falam das grandes questões da fé, mas de modo simples, acessível e profundo. São exemplos que hoje devem ser seguidos". Mas o que mais me impressionou não foi unicamente a competência com que falava, mas também a sua humildade. Quero dizer: um modo de conversar de verdadeiro cavalheiro, de quem não alardeia a sua cultura, mas se põe à escuta do seu interlocutor, ao seu nível, quem quer que seja, de quem não quer ensinar mas aprender. E, uma vez mais, pensei: "A marca da grandeza de um homem reside na sua humildade". Pois é com humildade que, para concluir esta minha reflexão sobre o grande mistério do homem que é o Sumo Pontífice, e sobre o mistério ainda maior que é a sua humildade, que me confio às palavras, que subscrevo, de outro famoso interlocutor de Joseph-Bento, Peter Seewald. No momento do primeiro encontro escreveu:

> Finalmente, a porta abriu-se e veio ao meu encontro um homem de aspeto modesto, com cabelo branquíssimo, que dava alguma impressão de fragilidade; caminhava com passos curtos. [...] A atmosfera do encontro foi intensa e séria; mas, às vezes, este "príncipe da Igreja" sentava-se tão de leve que dava a impressão de que ele tinha estado a falar com um seu aluno.[1]

Passados mais de dez anos, encontrando-se com ele em Castel Gandolfo, Seewald acrescenta:

> Mas com Bento XVI não se deve ter medo. Põe o seu hóspede muito à vontade. Em certo sentido, não é um príncipe da Igreja, mas um servidor da Igreja, um magnânimo que, ao dar, consome-se totalmente. Às vezes, olha de modo um pouco cético. Assim, por

---

[1] Joseph RATZINGER, *Il Sale della terra*, San Paolo, Cinisello Balsamo 1997, p. 5.

cima dos óculos. Quando o escutamos, sentado ao seu lado, só se percebe a precisão do seu pensamento e a esperança que jorra da fé; mas torna-se visível de modo especial aquele brilho da luz do mundo, o olhar de Cristo que deseja encontrar cada homem e que não exclui ninguém.[2]

Um Príncipe da Igreja que, ao mesmo tempo, também é um servidor da Igreja, um simples e humilde servo na vinha do Senhor. Citei alguma coisa do nosso breve diálogo, a três, de nove de setembro de 2001; mas, no pormenor, não me lembro bem de todas as coisas que dissemos. Recordo-me, porém, e não poderei esquecer-me de que, quando voltava para casa, repensava naquela sua gentileza, naquela esperança que brotava dos seus olhos em movimento constante e das suas precisas palavras, daquele olhar manso com que seguia as minhas palavras emocionadas e um pouco inconcludentes e desconexas; por isso, quando cheguei à casa, abracei a minha mulher e disse-lhe: "Sabe? Hoje tive a sensação de ter falado, face a face, com um homem bom, com um santo".

---

[2] BENTO XVI, *Luce del mondo. Un colloquio con Peter Seewald*, LEV, Cidade do Vaticano 2010, p. 13 [Ed. bras.: *Luz do mundo*, São Paulo, Paulinas 2011].

Apêndice

No dia 12 de fevereiro de 2012, com este livro já praticamente "fechado", na sala Paulo VI, das audiências gerais, no tradicional encontro de início da Quaresma com o Clero da diocese de Roma, Bento XVI fez um longo discurso, em que se deteve sobre a virtude da humildade, com palavras que poderiam definir um "resumo" deste ensaio.

> Neste sentido, São Paulo ilustra o chamamento com esta finalidade: um Deus único, sozinho, mas com esta direção para o futuro; a esperança está no "nós" daqueles que têm a esperança, que amam dentro da esperança, com algumas virtudes que são precisamente os elementos da caminhada que fazem juntos.

> A primeira é: "com toda a humildade" (Ef 4,2). Gostaria de deter-me um pouco mais nela porque é uma virtude que não aparece no catálogo das virtudes pré-cristãs; é uma virtude nova, a virtude da sequela de Cristo. Pensemos na Carta aos Filipenses, no capítulo segundo: embora seja igual a Deus, Cristo humilhou-se, aceitando a forma de servo e obedecendo até a cruz (cf. Fl 2,6-8). É este o caminho da humildade que devemos imitar. Seguir Cristo quer dizer entrar

neste caminho da humildade. O texto grego diz *tapei-nophrosyne* (cf. Ef 4,2): não pensar em grande, acerca de si próprio, ter uma justa medida. Humildade. O contrário da humildade é a soberba como a raiz de todos os pecados. A soberba que é arrogância que quer, sobretudo, poder, aparência, parecer aos outros, ser alguém ou alguma coisa, não tem a intenção de agradar a Deus, mas de agradar a si próprios, de serem aceitos pelos outros e – digamos – venerados pelos outros. O "eu" no centro do mundo trata-se do meu eu soberbo que sabe tudo. Ser cristão quer dizer superar esta tentação original que também é o núcleo do pecado original: ser como Deus, mas sem Deus, ser cristão é ser verdadeiro, sincero, realista. A humildade é sobretudo verdade, viver na verdade, aprender a verdade, aprender que a minha pequenez é precisamente a grandeza, porque assim sou importante para o grande tecido da história de Deus com a humanidade. É precisamente ao reconhecer que eu sou um pensamento de Deus, da construção do seu mundo e sou insubstituível, exatamente assim, na minha pequenez, e só desta maneira é que sou grande. É este o início da essência cristã: viver a verdade. Só vivendo a verdade, o realismo da minha vocação para os outros e com os outros, no Corpo de Cristo, é que vivo bem. Viver contra a verdade será sempre viver mal. Vivamos a verdade! Aprendamos este realismo: não querer parecer, mas querer agradar a Deus e fazer tudo o que Ele pensou sobre mim e para mim, e, deste modo, também aceitar o outro. A aceitação do outro, que talvez seja maior do que eu, pressupõe justamente este realismo e o amor da verdade: pressupõe que me aceite a mim mesmo como "pensamento de Deus", tal como sou, nos meus limites e, por isso, na minha grandeza. Aceitar-me e aceitar o outro andam juntos: só aceitando-me no grande tecido divino, posso aceitar também os outros que formam comigo a grande sinfonia da Igreja e da criação. Eu penso que as pequenas humilhações que, dia a dia, temos de viver são saudáveis porque ajudam cada um de nós a reconhecer a sua verdade e a sermos tão livres que esta vanglória que é contra a verdade e não me pode tornar feliz e bom. Aceitar e aprender isto e, assim, aprender a aceitar a minha posição na Igreja, o meu pequenino serviço como grande aos olhos de Deus, é precisamente esta humildade, este realismo que nos torna felizes. Se eu for arrogante, se for soberbo, quererei sempre agradar; se não arriscar, serei miserável, serei infeliz e terei sempre de procurar este prazer. Quando, pelo contrário, sou humilde tenho a liberdade de também estar contra uma opinião dominante, contra pensamentos de outros, porque a humildade dá-me a capacidade, a liberdade da verdade. E assim, diria, peçamos ao Senhor que nos ajude, nos ajude a ser realmente construtores da comunidade da Igreja; que ela cresça, que nós próprios cresçamos na grande visão de Deus, do "nós", e somos membros do Corpo de Cristo, pertencendo assim, em unidade, ao Filho de Deus.

Posfácio com agradecimentos e dedicatória

Este livro nasceu graças à doce e firme insistência de Ezio Quarantelli, que me incentivou a tirar da gaveta uma velha ideia de escrever alguma coisa sobre o tema "humildade e humor em Bento XVI". Esta velha ideia partia da minha constatação de que a humildade e o humor são "o segredo da vida", sobretudo para um católico, e de que estão fortemente ligados uma ao outro, ambos relacionados, mesmo etimologicamente, com a terra, o *humus,* e parecia-me que podia encontrá-los no homem e na obra de Joseph Ratzinger-Bento XVI. No dia 25 de agosto de 2007, eu também tinha escrito um longo artigo para *Il Foglio*, e foi a partir daquela leitura que Quarantelli se convenceu — por sua bondade – que eu deveria tentar o risco de escrever um livro inteiro sobre este tema.

Agora que acabou, eu não saberia definir o meu trabalho: o ensaio de um vaticanista? Uma hagiografia? Um livro de apologética? Palavras talvez obsoletas... Uma das coisas que compreendi ao estudar a figura de Bento XVI foi que a essencialidade e a simplicidade são duas grandes virtudes, até para quem escreve. Então, diria assim: ao querer aprofundar o mistério do homem Joseph-Bento, entrei no mistério da humildade, a mais misteriosa de todas as virtudes, e ao penetrar na floresta da humildade, esclareci-me (e espero que o mesmo tenha acontecido com o leitor) alguma coisa sobre o mistério do homem que reina sobre a Igreja católica. Ofereço ao leitor o resultado desta fatigante caminhada de esclarecimento e, talvez, depois da leitura, veja Bento XVI a outra luz, não à luz coada dos *mass media,* e conceder-lhe-á "um crédito de simpatia".

Agora que o livro acabou, só me resta agradecer a muitas pessoas que me ajudaram, além do *staff* da editora Lindau e, *in primis,* ao já citado Ezio Quarantelli; citá-los-ei por ordem alfabética, esperando não esquecer-me de ninguém: Marco Burini, Gianni Cardinali, S. E. o cardeal Roger Etchegaray, Giuliano Ferrara, Mons. Lino Goriup, S. E. Prosper Grech, Elio Guerriero, S. E. Julian Herranz, S. E. Jorge Maria Mejía, padre Giandomenico Mucci, Paolo Pegoraro, Iacopo Scaramuzzi, Marco Sermarini, Giorgio Tondolo, Gian Maria Vian.

É claro que todos os membros da minha família, a minha esposa (e minha força) Elvira, companheira fiel, minha mãe Marilù, apaixonada apoiante de Bento XVI, e meu pai Dante, a cuja memória quero dedicar este livro estranho, pois sem ele nunca teria podido sequer imaginá-lo; por isso,

> A meu pai, que atravessou serenamente a vida, com verdadeira alegria, dizendo-lhe diariamente que sim.

Referências bibliográficas

AGASSO, Domenico, *Le chiavi pesanti*, Libreria della famiglia, Roma 1979.

BALTHASAR, Hans Urs von, *Il complesso antiromano*. Come integrare il papato nella chiesa universale, Queriniama, Bréscia 1974.

BALTHASAR, Hans Urs von, *La semplicità del cristiano*, Jaca Book, Milão 1983.

BENTO XVI, *Con Gesù la vita è una festa*, LEV-Edizioni Paoline, Roma 2006.

BENTO XVI, *Gesù di Nazaret*h, Lev-Rcs, Milão 2007.

BENTO XVI, *Luce del mondo*. Un colloquio con Peter Seewald, LEV, Cidade do Vaticano 2010. [Ed. bras.: *Luz do mundo*, São Paulo, Paulinas 2011].

BORGES, Jorge Luis, *A/Z*, Mondadori, Milão 1985.

BURGESS, Anthony, *L'uomo di Dio*. L'amore in parole povere, Editoriale Nuova, Milão 1985.

CANTALANESSA, Raniero, *Verginità*, Editrice Àncora, Milão 1988.

CHESTERTON, Gilbert Keith, *Eretici*, Piemme, Casale Monferrato 1988.

CHESTERTON, Gilbert Keith, *La Chiesa cattolica*, Lindau, Turim 2010.

CHESTERTON, Gilbert Keith, *L'imputato*. In difesa di ciò che c'è di belllo nel brutto del mondo, Lindau, Turim 2011.

CHESTERTON, Gilbert Keith, *L'uomo eterno*, Rubbettino, Soveria Mannelli 2008.

CHESTERTON, Gilbert Keith, *Ortodossia*, Morcelliana, Bréscia 1980 (nova ed. Lindau, Turim 2010).

CHESTERTON, Gilbert Keith, *Una breve storia d'Inghilterra*, Rubbettino, Soveria Mannelli 2003.

CUCCI, Giovanni, *La forza della debolezza*, Edizioni AdP, Roma 2011, p. 59.

DURRWELL, François-Xavier (dir.), *Chiamati alla libertà*. Saggi di teologia morale in onore di Bernhard Häring, Edizioni Paoline, Roma 1980.

ELIOT, Thomas Stearns, *Quattro quartetti*, Feltrinelle, Milão 2010.

GORIUP LINO, *Il rischio è bello*, ESD, Bolonha 2010.

GUARDINI, Romano, *Il Signore*. Riflessioni sulla persona e sulla vita di Gesù Cristo, Vita e Pensiero, Milão 2005.

HÜLSEBUSH, Bernhard, *Signore, no farmi questo!* Episodi e ricordi di Benetto XVI, Edizioni Messaggero di Padova, Pádua 2011.

KIERKEGAARD, Søren, *Diario*, Buc, Milão 2000.

LEWIS, Clive Staples, *La mano nudo di Dio*, GBU, Roma 1987.

LEWIS, Clive Staples, *Lettere a Malcom*, Neri Pozza, Vicenza 1997.

LEWIS, Clive Staples, *Sorpreso dalla gioia*. I primi anni della mia vita, Jaca Book, Milão 2002.

Referências bibliográficas

MACQUARRIE, John, *L'umiltà di Dio*. Meditazioni sul mistero della salvezza cristiana, Jaca Book, Milão 1979.

McCARTHY, Cormac, *Sunset Limited*, Einaudi, Turim 2008.

MELLONI, Alberto, *L'inizio di papa Ratzinger*. Lezioni sul conclave del 2005 e sull'incipit del pontificato di Benedetto XVI, Einaudi, Turim 2006.

NICHOLS, Aidan, *Joseph Ratzinger*, San Paolo, Cinisello Balsamo 1996.

PRZYWARA, Erich, *Umiltà, pazienza e amore*. Meditazioni teologiche, Queriniana, Bréscia 1968.

RAHNER, Hugo, *L'homo ludens*, Paideia, Bréscia 2011.

RATZINGER, Joseph, *Il Dio di Gesù Cristo*, Queriniana, Bréscia 1978.

RATZINGER, Joseph, *Il sale della terra*, San Paolo, Cinisello Balsamo 1997.

RATZINGER, Joseph, *La bellezza*. La Chiesa, Itaca, Castel Bolognese 2005.

RATZINGER, Joseph, *La mia vita*, San Paolo, Cinisello Balsamo 1997.

RATZINGER, Joseph, *Popolo e casa di Dio in sant'Agostino*, Jaca Book, Milão 2005.

RATZINGER, Joseph, *Servitori della vostra gioia*. Meditazioni sulla spiritualità sacerdotale, Àncora, Milão 1989.

RATZINGER, Joseph; HABERMAS, Jürgen, *Etica, religione e Stato liberale*, Morcelliana, Bréscia 2004.

RODARI, Paolo; TORNELLI Andrea, *Attacco a Ratzinger*. Accuse e scandali, profezie e complotti contro Benedetto XVI, Piemme, Casale Monferrato 2010.

Rota, Scalabrini Patrizio et alii, *L'umiltà cristiana*, Glossa, Milão 2003.

Suenens, Léon Joseph, *Rinnovamento e potenza delle tenebre*, EP, Milão 1982.

Tomás de Aquino, *Commento al Vangelo di San Giovanni / 3*, Città Nuova, Roma 1992.

Tomás de Aquino, *Somma Teologica*, publicada em vários volumes por ESD-Edizioni Studio Domenicano.

Twardowski, Jan, *Affrettiamoci ad amare*, Marietti, Gênova 2009.

Valente, Giani, *Ratzinger professore*, San Paolo, Cinisello Balsamo 2008.

Valli, Aldo Maria, *La verità de Papa*. Perché lo attaccano. Perché va ascoltato, Lindau, Turim 2010.

Varillon, François, *L'umiltà di Dio*, Qiqajon, Magnano 1999.